OFFICE 365 MODE D'EMPLOI

© Martial AUROY | Décembre 2018

Avant-propos

Je me présente : Martial AUROY, ingénieur de formation, avec une carrière démarrant sur du développement et de la programmation. Puis de l'étude de projets dans des secteurs variés, comme l'industrie, l'aérospatiale, la paie internationale et enfin la domotique.

C'est naturellement que j'ai voulu transmettre l'envie d'utiliser et d'optimiser l'outil informatique. Maintenant formateur indépendant, sous l'enseigne formation 14, certifié Microsoft, vous pouvez me suivre grâce au réseau LinkedIN, Facebook, Viadeo, Google et bien entendu sur mon site http://formation14.com.

Lors de mes formations, je m'aperçois que les « stagiaires » sont demandeurs de supports de cours **simples et fonctionnels**. Souvent les supports existants sont épais et découragent le lecteur avant même la première lecture. J'ai donc volontairement décidé un contenu essentiel, simple et rapide à mettre en pratique. Vous ne trouverez pas tous les détails des applications, mais bien assez pour utiliser quotidiennement les outils essentiels de Microsoft® Office 365.

Cet ouvrage est destiné à toutes les personnes qui veulent utiliser la plateforme Microsoft® Office 365. Utiliser tout simplement et ne pas la programmer ni la changer. C'est donc un livre qui explique comment utiliser et non pas comment administrer.

Il s'adresse aussi bien aux particuliers, aux associations, qu'aux professionnels disposant d'Office 365. Dans ce manuel, j'utilise la version professionnelle E3. Il est possible que vos écrans diffèrent un peu suivant l'abonnement que vous avez. Dans certains cas où il y a des différences (au moment de l'écriture de ce livre), je vous montre aussi bien l'espace personnel que professionnel.

Les images et copies d'écrans sont sujets à des modifications de la part de l'éditeur. Il est possible que les copies d'écrans et les illustrations ne soient pas exactement celles que vous avez au moment de la lecture de ce livre. Ceci n'est évidemment ni du ressort ni de la responsabilité de l'auteur.

Nous aborderons les outils essentiels : Messagerie, stockage individuel et personnel. Dans ce livre je ne veux pas montrer tous les programmes d'Office 365. Ce serait beaucoup trop à mon sens. J'ai voulu faire simple, droit au but et j'espère que ce livre vous aidera à utiliser l'essentiel d'Office 365.

Bien utiliser ce livre

Ce livre est largement fourni de copies d'écrans. Sur ces images, vous trouverez des numéros et parfois des lettres. Ce sont des repères qui sont rappelés dans le texte. Ils permettent de repérer les fonctions décrites dans l'écran correspondant.

La table des matières ci-dessous est un excellent repère pour aller directement au sujet recherché.

L'index en fin du livre regroupe les mots et les pages où ils s'y rapportent.

La liste des illustrations est également en fin de ce livre. Cela peut être aussi un bon moyen d'aller directement à l'essentiel.

Table des matières

Office 365

Office 365 est une plateforme que propose Microsoft®. C'est le « cloud », les « nuages », comme c'est parfois décrit.

Office 365 est un espace accessible via le réseau Internet. Cet espace est privé, loué chez l'éditeur Microsoft®. Il donne accès à la fois à du stockage et à des applications. C'est un environnement de travail à partir duquel vous pouvez connecter des appareils variés : smartphones, ordinateurs personnels, tablettes, etc. Du moment que vous avez un accès à Internet, que vous soyez au bureau ou en déplacement, vous bénéficiez d'un ensemble d'outils de productivité.

Il existe de nombreuses offres commerciales chez Microsoft® permettant de choisir quels éléments sont inclus dans l'abonnement ; **Un peu comme un bouquet TV avec votre fournisseur Internet**.

Une offre gratuite existe à titre personnel, offre accessible avec un simple compte Microsoft® comme Live.com, Hotmail.com, Outlook.com ou .fr.

La version sans abonnement n'est pas aussi riche bien entendu que les versions payantes mais elle a beaucoup de similitudes sur les fonctions essentielles. Pour créer un compte personnel, gratuit, il vous suffit de vous inscrire sur le site outlook.com par exemple.

> Office 365 est payant. Live.com, outlook.com sont gratuits.

Se connecter à Office 365

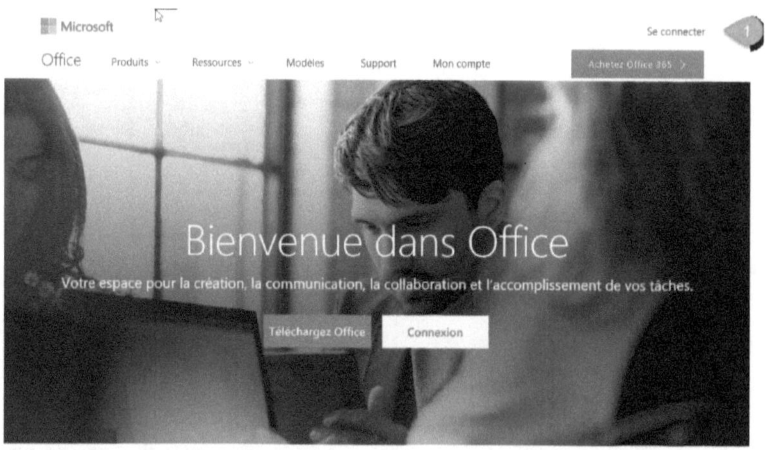

Ecran 1 Office.com (12/2017)

Utilisez le lien https://office.com pour arriver au portail Office 365 de Microsoft®. Utilisez live.com ou outlook.com pour le compte gratuit.

Cliquez sur le lien en haut à droite ❶ pour vous identifier à votre environnement.

En cliquant, un premier dialogue comme ci-dessous apparaît ❶ vous demandant l'adresse Email associée à votre compte Office 365. Si vous êtes en entreprise ou en association, il est possible que ce dialogue soit personnalisé. Mais il vous faudra tout de même entrer votre identifiant d'entreprise à cette étape.

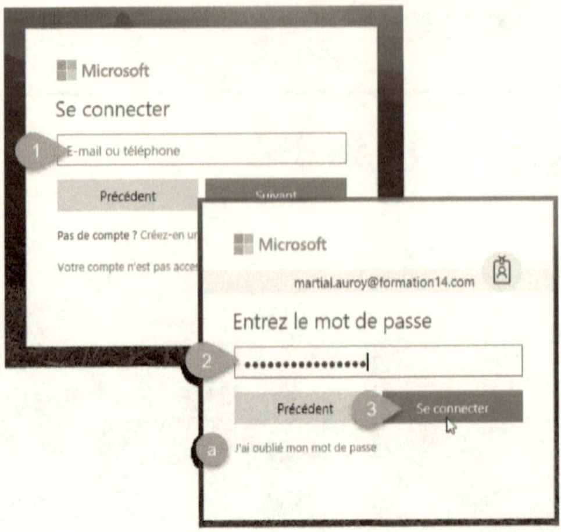

Ecran 2 S'identifier à Office 365

❷ Saisissez le mot de passe associé à votre compte. Un mot de passe complexe est requis. Si vous ne vous souvenez plus du mot de passe, vous pouvez suivre l'assistant en cliquant sur le lien en a. Dans le cas d'un compte entreprise ou associatif, peut-être devrez-vous appeler le service informatique pour que le mot de passe soit réinitialisé.

> 💡 Lors de votre inscription, il est important d'entrer des informations de sécurité complémentaires pour retrouver facilement votre mot de passe. Par exemple une autre adresse Email (courriel) alternative et/ou un numéro de mobile pour recevoir un SMS.

❸ Validez votre saisie en actionnant le bouton « Se connecter »

Interface

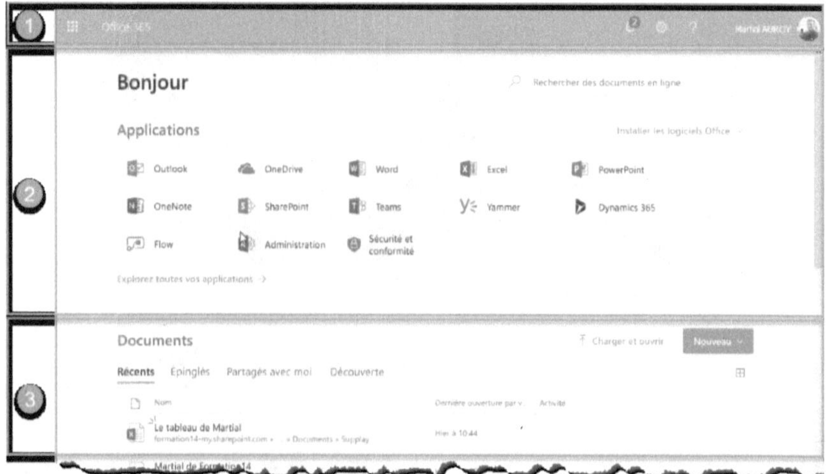

Ecran 3 Accueil Office 365 (dec 2017)

Si vous n'avez pas changé votre écran d'accueil, Office 365 montre un écran en 3 zones :

1. Le bandeau qui contient le lanceur d'applications, le titre, les alertes, les paramètres, l'aide et le rappel de votre profil.
2. Applications majeures surmontées d'un champ de recherche global à Office 365
3. Les documents et dossiers récemment modifiés ou créés

Bandeau

Ecran 4 le bandeau d'Office 365

Le bandeau est composé de raccourcis pour naviguer dans les fonctions principales de la plateforme Office 365 :

- Lanceur d'applications
- Alertes

- Paramètres
- Aide
- Mes comptes

Le lanceur

Le lanceur d'applications 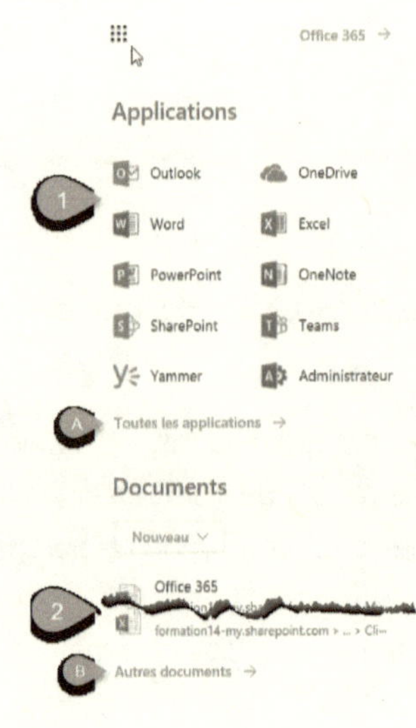 est un menu en 2 volets qui présente les applications et documents disponibles. Ce lanceur est présent dans toutes les applications Web d'Office 365 et permet donc de solliciter une application directement depuis son emplacement sans avoir à repasser par l'accueil.

Le premier volet **1** concerne les applications *épinglées* là parmi toutes les applications **A**. Si on faisait le rapprochement avec Windows 10, ce serait le « menu démarrer ».

Le second volet **2** concerne les derniers documents et dossiers qui ont été modifiés. En cliquant sur « Autres documents » **B**, vous affichez une liste plus longue des derniers fichiers modifiés.

En utilisant le lien Toutes les applications **A**, toutes les applications mises à disposition apparaissent triées par ordre alphabétique croissant.

Ecran 5 Lanceur d'applications

En passant la souris au-dessus d'un lien - dans le premier volet comme dans la liste de toutes les applications - un bouton avec trois petits points apparaît. Cliquez dessus pour faire apparaître un menu contextuel pour :

- Ajouter ou enlever le lien au lancement rapide (premier volet). Certaines applications sont verrouillées.
- Ouvrir cette application dans un nouvel onglet

- Afficher quelques informations sur cette application

 D'autres applications peuvent être ajoutées à partir de « Office Store » et depuis l'interface du centre d'administration.

Il suffit d'appuyer sur la touche « Echap » ou « ESC » de votre clavier pour refermer ce lanceur d'applications.

Alertes

Le bouton d'alertes fait apparaître la liste des notifications de votre environnement. Ce sont des informations de votre agenda, par exemple des rappels de rendez-vous, mais aussi des notifications de conversations et de messagerie.

Aide

Le bouton d'aide du bandeau affiche une bande permettant de saisir sa question. Utilisez un mot clé, une phrase afin de poser votre question. Les résultats seront issus des bases de connaissances de Microsoft®.

Paramètres

Le bouton de paramètres ⚙ donne accès aux paramètres de votre environnement individuel.

Vous accédez aux éléments pour personnaliser :

- Thème
- Page de démarrage
- Notifications
- Mot de passe
- Langue et fuseau horaire
- Paramètres de vos applications

Mes comptes

C'est dans cette section que vous accédez à votre environnement individuel.

« A propos de moi » vous redirige vers Delve, l'application qui permet de suivre ce qui se passe dans Office 365.

« Mon compte » est le lien qui vous redirige vers la page de paramétrage de votre profil C.F Paramètres du profil page 9

Recherche & applications

Dans cette partie centrale de l'écran d'accueil d'Office 365, on remarque un champ de saisie pour rechercher dans Office 365. On est ici au plus haut de la recherche de cette plateforme et les résultats sont issus de tous les composants régis par OneDrive, la messagerie et SharePoint. Même les pièces jointes de vos messages sont indexées et peuvent donc être source de résultats.

Il vous suffit de saisir un ou plusieurs mots, puis de cliquer sur la loupe pour voir les résultats de recherche.

Derniers dossiers et documents

Cette partie de l'écran d'accueil affiche les derniers fichiers et les derniers dossiers qui ont reçu des modifications. Ils sont classés des 10 plus récents.

Pour en soir plus, je vous invite à rechercher sur le site support.microsoft.com l'utilisation de DELVE. C'est un outil qui permet de voir ce qui se passe autour de soi.

Paramètres du profil

C'est à partir du bandeau, à droite que vous voyez votre identifiant, la photo et les initiales de votre profil.

Ecran 6 Mon compte

En cliquant ❶ sur votre nom ou sur votre image, vous dépliez un menu donnant accès à trois actions.

1. A propos de moi vous amène à votre page. C'est votre profil Office 365 et les informations dans Office 365 susceptibles de vous intéresser.

2. Mon compte ❷ permet d'accéder à *votre* compte dans l'environnement Office 365 global. Qui êtes-vous, quels sont vos moyens de communication ? A quoi vous intéressez-vous ? C'est ici que vous renseignez les informations vous concernant.

3. Se déconnecter, C'est fermer votre session authentifiée. Il faudra vous connecter à nouveau pour avoir à nouveau accès à Office 365.

Quand vous entrez dans la gestion de votre compte, vous avez un écran qui compartimente les éléments comme suit.

Côté Office 365 professionnel

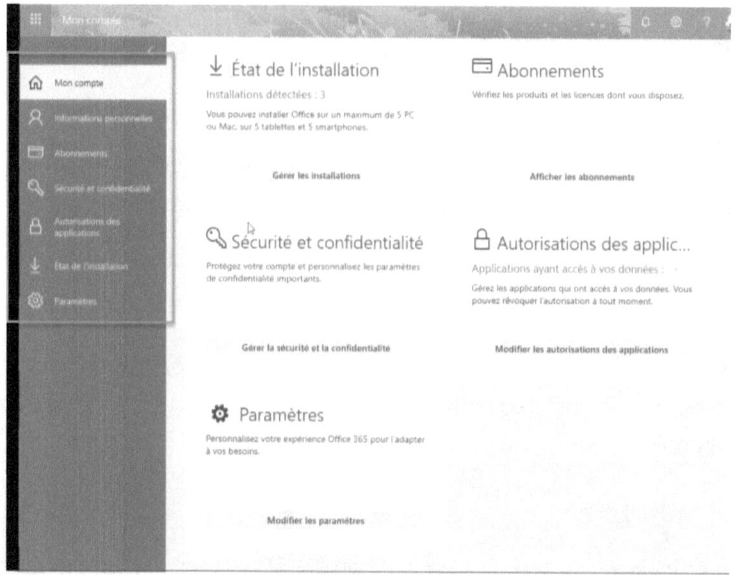

Ecran 7 Mon compte, paramétrage et informations

Mon compte

C'est par ce lien que vous avez la vue globale de votre environnement individuel. Depuis l'abonnement à Office 365 jusqu'aux installations de la suite Office que vous avez faites sur différents postes.

Informations personnelles

Cet écran regroupe les informations vous concernant : Nom, prénoms, adresses, téléphones, etc. C'est ici aussi que vous pouvez modifier votre photo de profil. S'il vous plait, ne mettez pas de photo de panda ou de chaton ! Pensez que les personnes qui vont communiquer avec vous verront cette image et cette image aidera certaines d'entre elles à vous identifier.

Peut-être ces informations sont-elles verrouillées en modification ; Réservées au service informatique pour une gestion globale.

Sécurité et confidentialité

Un petit groupe de paramètres pour modifier votre mot de passe et gérer vos préférences de contact.

Autorisation des applications

La liste des applications apparaît, classées entre révocables et non révocables. Ce sont les autorisations que vous donnez aux applications de recueillir certaines de vos données.

Etat de l'installation

Affiche la liste des ordinateurs sur lesquels vous avez installé la suite Office 365. Vous pouvez désactiver les programmes sur tel ou tel appareil.

Paramètres

C'est ici que vous allez pouvoir personnaliser votre environnement Office 365 : couleurs et comportement.

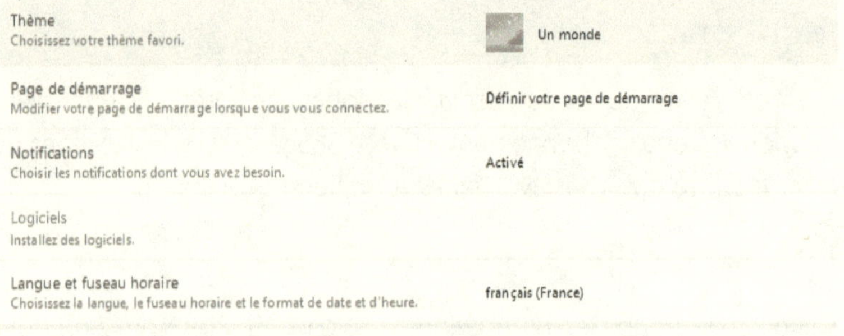

Ecran 8 Paramètres individuels d'Office 365 professionnel

C'est avec le thème que vous choisissez le graphisme de l'interface web. En couleur unie ou avec des dessins. Vous avez une liste de choix finie ; Vous ne pouvez pas créer votre propre style.

Vous pouvez choisir la page de démarrage lorsque vous entrez dans Office 365. Par exemple, une fois identifié, vous pouvez arriver directement sur la messagerie au lieu de l'écran Office 365. Je vous recommande de *garder* Office 365. Si vous voulez accéder à la messagerie directement, faites-vous plutôt un raccourci[1] vers https://outlook.office.com dans vos favoris.

La section des notifications vous laisse choisir les formes de notifications que vous voulez garder en cochant :

- Rappels (du calendrier, de tâches)
- Signal sonore (Oui ou non) accompagnant le message de rappel
- Notification si un nouveau message est arrivé
- Et le signal sonore accompagnant la notification du nouveau message

Le lien Logiciels vous emmène à la liste des programmes que vous pouvez installer sur votre ordinateur à partir de la plateforme Office 365. Suivant l'abonnement que vous utilisez, vous pouvez installer les programmes de la suite Office : Word, Excel, Skype Entreprise...

C'est par le lien de langue et de fuseau horaire que vous sélectionnez en quelle langue le système affiche les pages et sous quel fuseau horaire vous travaillez. Ce dernier est important puisque le système est distant, les enregistrements prennent l'heure et la date du fuseau que vous choisissez ici.

Côté personnel

Du côté d'Office personnel, le lien Mon Compte vous amène à un écran plus graphique que celui de la version professionnelle. L'écran regroupe les paramétrages et les informations de l'environnement mis à disposition.

---

[1] Voir https://support.Microsoft®.com/fr-fr/help/4027306

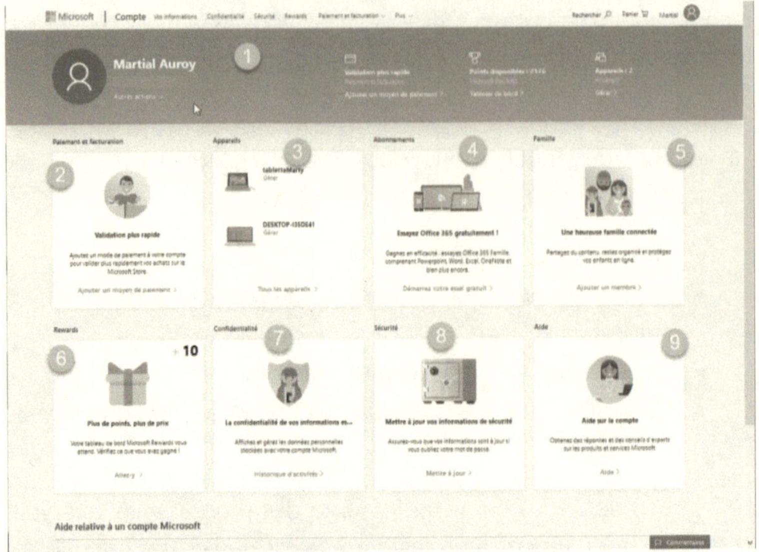

Ecran 9 Mon Compte en version personnelle

❶ Le bandeau synthétise vos informations. Le lien Autres actions vous amène à la page de votre profil Microsoft®. C'est dans cette page que vous pouvez changer votre photo par exemple. C'est également à partir de ce lien que vous pouvez changer votre mot de passe.

Paiement et facturation

Le lien ❷ Ajouter un moyen de paiement permet de gérer les moyens que vous enregistrez pour acheter des services Microsoft® dans les Microsoft® Stores (jeux, programmes, options et services). Vous avez le choix entre carte de crédit, prélèvement, PayPal ou encore téléphone mobile.

Appareils

En cliquant sur la zone ❸, vous accédez à la liste des appareils pour lesquels vous êtes enregistré comme utilisateur. C'est la liste des appareils que vous avez utilisé avec votre identifiant Office 365. Par exemple l'ordinateur fixe de la maison, votre tablette, votre smartphone.

tabletteMarty
Surface Pro 4

État   Informations sur l'appareil et support   Localiser mon appareil   Autres actions

Windows 10 Professional (10.0.17134.286)

BitLocker ON (1 sur 1 lecteurs)   Obtenir les clés de récupération BitLocker

Localiser mon appareil :Activé
En savoir plus

Informations sur la garantie   Afficher les informations de garantie

Ecran 10 Suivi des appareils

En cliquant sur un appareil de la liste, comme ci-dessus, vous voyez un descriptif de sa configuration. A partir de la liste de liens, vous pouvez voir son état, lire les informations détaillées de l'appareil et le localiser (si vous l'avez perdu).

Sous le lien Autres actions, vous avez les choix de supprimer l'appareil de votre liste ; Le supprimer de votre liste, c'est aussi votre profil utilisateur qui sera supprimé de cet appareil.

Dans le lien Autres actions, vous pouvez aussi accéder à des boutiques de Microsoft® pour les accessoires et le support.

Abonnements

C'est en ❹ de l'écran de votre compte, page 12 que vous accédez aux pages permettant de gérer votre abonnement personnel ou d'en acquérir un.

Famille

On voit bien ici dans la zone ❺ que l'on est dans un compte personnel. Grace à cette section, on définit les membres, adultes ou enfants, avec qui on veut partager des éléments. Les adultes peuvent modifier les paramètres des enfants et garder un œil sur leurs activités en ligne et leur localisation, tandis que les enfants profitent de leur expérience en ligne en toute sécurité. Les membres de la famille peuvent également tirer parti des achats numériques partagés, comme Office 365 Famille.

Rewards

Les récompenses ! ❻ Avec l'utilisation des outils Microsoft® comme le moteur de recherche Bing, par exemple, vous cumulez des points. Vous pouvez aussi cumuler des points en faisant des jeux de Quizz.

Quand vous avez assez de points, vous les transformez en bons d'achats ou participation aux tirages au sort etc.

Confidentialité

Les éléments affichés en entrant dans la zone de confidentialité ❼ montrent beaucoup de choses :

- L'historique des recherches
- Les applications utilisées
- Les informations de localisation
- Activité de santé
- Cortana
- LinkedIN
- Skype
- etc.

Vous pouvez les télécharger, effacer ces données et avoir un rapport sur chaque catégorie ; s'il y a des données bien entendu.

Sécurité

Le lien ❽ de l'écran montré en page 12. C'est dans le coffre-fort que vous accédez à vos paramètres de sécurité.

Votre mot de passe

C'est ici que vous changez votre mot de passe.

Informations de sécurité

Dans cette section, vous définissez les éléments pour sécuriser votre compte.

> RENSEIGNEZ bien ces informations vous permettant de retrouver votre compte.

C'est donc là que vous entrez un numéro de téléphone mobile, une adresse de messagerie de secours, pour recevoir les alertes ou au cas où vous perdriez votre mot de passe.

Activité récente

C'est dans cette page que vous pouvez vérifier où et quand votre identifiant a été utilisé. On ne sait jamais, si vous avez un doute que quelqu'un d'autre utilise votre compte, changez alors le mot de passe rapidement.

Aide

Comme son nom l'indique, c'est le lien **❾** de votre écran de compte personnel (page 12) qui vous amène vers les pages d'aide de Microsoft® pour comprendre le contenu de votre environnement.

OUTLOOK

Courrier ou Outlook est l'application permettant de gérer vos messages électroniques. C'est depuis cette interface que vous envoyez vos messages et que vous les consultez, classez et archivez.

Cette interface est très proche de la version de bureau qui s'installe à partir de la suite Office. Dans Office 365, la messagerie, les contacts, le calendrier et les tâches sont séparées alors que dans la version Outlook de la suite Office ces éléments y sont regroupés.

Découverte de l'interface

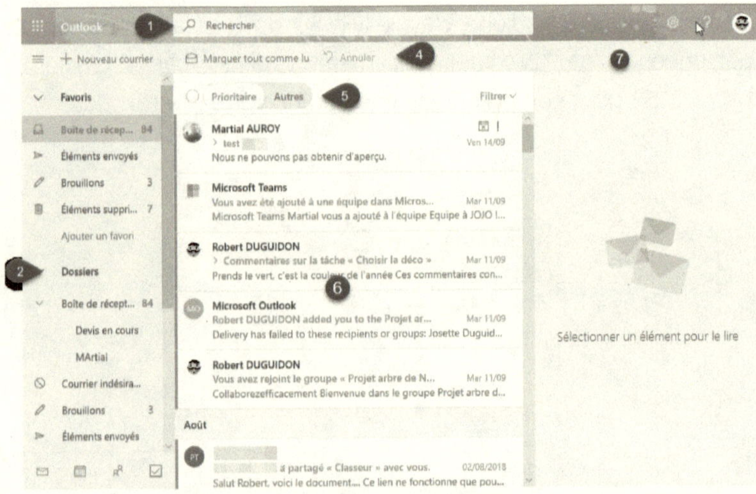

Ecran 11 Interface de courrier : OUTLOOK

Recherche

En haut à gauche ou comme dans la copie d'écran au centre du bandeau, ❶ on a une zone de saisie. C'est ici que vous lancez une recherche à travers tous les éléments de la messagerie. Un mot, des mots, une phrase ; Tout est bon pour faire une recherche.

En dessous de la zone de recherche ❷ se trouve la liste des dossiers de la messagerie. La boite de réception, les éléments envoyés et les brouillons mais aussi des dossiers que vous avez ajoutés. C'est en cliquant sur « Plus » que vous déroulez toute l'arborescence des dossiers.

Groupes

Les groupes s'affichent en dessous des dossiers. Un groupe est accessible par un ensemble de personnes nommées. Ces membres accèdent également à un stockage OneDrive, une messagerie au nom du groupe, un planning et un calendrier. Ce sont donc des environnements de travail, créés à partir de Planner, OneDrive ou depuis cette interface de messagerie. C'est également, lors de la création d'une équipe dans l'application Teams, un groupe est créé au nom de l'équipe.

C'est un espace de travail le temps d'un projet ou pour un groupe de personnes au sein de l'entreprise.

> Les groupes n'existent pas dans Office 365 en version personnelle.

Barre de commandes

Au-dessus, au centre ❹ (voir écran page 17), vous trouvez la barre de boutons qui s'adapte à la situation. Si vous sélectionnez un message, un dossier, une pièce jointe, cette barre s'adapte pour vous présenter les fonctions.

Messages prioritaires/autres

Juste en dessous, au centre, ❺ on trouve un curseur permettant d'afficher en dessous la liste des messages prioritaires ou les autres. Ce n'est qu'au bout de quelques mois d'utilisation d'Office 365 que ce curseur apparaît. C'est le système qui analyse vos habitudes de lecture et qui en détermine le classement dans les prioritaires ou les autres. Le système classe dans Autre les messages que vous n'avez pas l'habitude de lire tout de suite. Du coup, le système considère cet expéditeur comme non prioritaire et le déplace automatiquement dans la catégorie Autre. Si vous ne souhaitez pas qu'il classe cet expéditeur dans la catégorie, faites un clic droit et choisissez de le déplacer dans Prioritaire ou dans Autre.

> Pour paramétrer le classement Prioritaire et Autre, allez dans les options de courrier, puis disposition, Boite de réception prioritaire et choisissez le mode qui vous convient.

Liste des messages

C'est dans la zone centrale ❻ (comme le montre l'écran page 17) que l'on trouve la liste des messages. Elle apparaît par défaut sous forme de conversations (regroupement des messages d'une même conversation).

Sur le côté gauche de chaque message on peut voir une ligne verticale. Elle apparaît si le message n'est pas lu. En sélectionnant un message, il apparaît dans la partie de droite. En double-cliquant, le message s'ouvre dans une nouvelle fenêtre.

Lorsque vous passez la souris au-dessus d'un message, apparaît une mini barre de boutons. Cette barre vous permet, dans l'ordre, de supprimer le message, de le marquer lu/non lu, de positionner un indicateur ou de l'épingler pour le garder en haut de liste.

Actions sur un message

C'est en ❼ (écran de la page 17) qu'apparaît une série de boutons permettant d'adapter les actions pour le message sélectionné.

En bas à gauche, **8** on dispose de boutons pour passer, dans l'ordre, de la gestion des messages, au calendrier, aux contacts et aux tâches.

Ecran 12 Lancement des applications "amies" de la messagerie

Ce sont ces applications « amies » que l'on retrouve dans le lancement rapide de l'écran d'accueil d'Office 365 et dans l'interface d'Outlook version bureau.

Configurer la messagerie

C'est avec le bouton de paramètres ⚙ situé en haut à droite, que vous accédez à la configuration et à la personnalisation de votre messagerie.

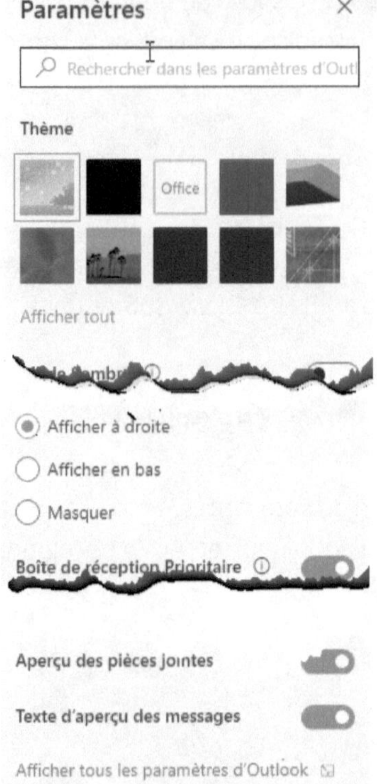

Ecran 13 Accès aux paramètres de courrier

Lors du clic sur le bouton ⚙, une liste de paramètres majeurs apparaissent. En bas, le lien vers tous les paramètres du courrier : Afficher les paramètres de courrier.

Thème

Choisissez le thème pour colorer l'interface Office 365. En utilisant le lien Afficher tout, vous avez encore plus de choix !

Mode sombre

C'est dans les dernières mises à jour qu'apparait ce paramètre. En mode sombre, l'interface est sur fond noir au lieu d'être en blanc. C'est beaucoup moins d'énergie sur tablette mais personnellement, je trouve cela plus fatigant. Une habitude ?

Affichage conversation

Vous avez le choix d'afficher dans les conversations les messages plus récents en premier ou en dernier. Désactivé est le choix qui désactive la conversation.

Pour rappel le mode conversation permet de grouper les messages entrants et sortants dans un liste globale affichant alors les échanges dans l'ordre chronologique.

Volet de lecture

C'est ici que vous définissez si vous voulez à droite, en bas ou pas du tout la lecture du message directement dans l'interface à côté des listes.

Si vous le masquez, il faudra double cliquer sur le message pour qu'il s'ouvre en prenant la toute la place principale.

Les options on/off

Boite de réception prioritaire

Si vous voulez tout recevoir dans la boite ou si vous voulez le tri avec le mode prioritaire/autres. Passez le curseur du côté que vous voulez.

Voir Messages prioritaires/autres page 18.

Image de l'expéditeur

Activez si vous voulez que l'image de l'expéditeur soit attachée au message.

Regrouper les messages par date

C'est ainsi que les messages apparaissent par « hier », « semaine dernière », « mois dernier » etc. Si vous ne voulez pas, décochez cette option

Aperçu des pièces jointes

Cela vous permet d'avoir la vue de la pièce jointe dans la liste des messages sans avoir à ouvrir le message.

Aperçu du texte

Cela permet de voir la première ligne du corps du message directement dans la liste des messages.

Langue et heure

Outlook peut être dans une langue différente que celle définie dans votre profil. Allez dans les paramètres généraux❶, Langue et heure ❷ pour définir la langue d'affichage ❸ de l'interface.

N'oubliez surtout pas le ❹ fuseau horaire d'où vous travaillez. Ce dernier est positionné pour la France à UTC+01 :00, Brussels, Copenhagen, Madrid, Paris comme ci-dessous.

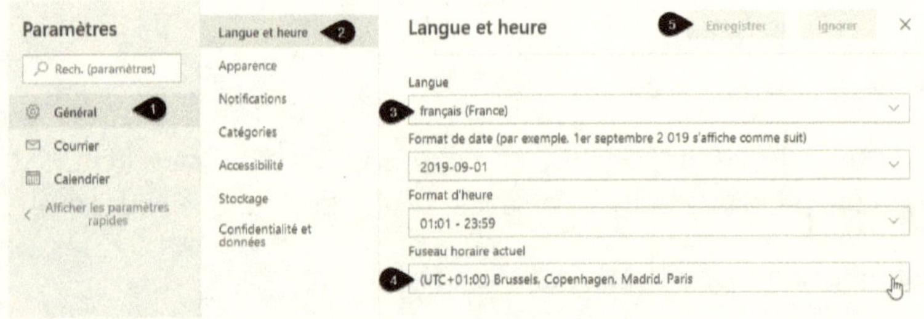

Ecran 14 Choisir la langue et le fuseau horaire

Enregistrez vos choix avec le bouton Enregistrer ❺.

Réponses automatiques

On trouve le paramétrage dans la section courrier.

La réponse automatique permet d'automatiser les réponses aux messages reçus durant une période. C'est cette fonction qui permet alors de définir le message d'absence du bureau pour une période vacances par exemple.

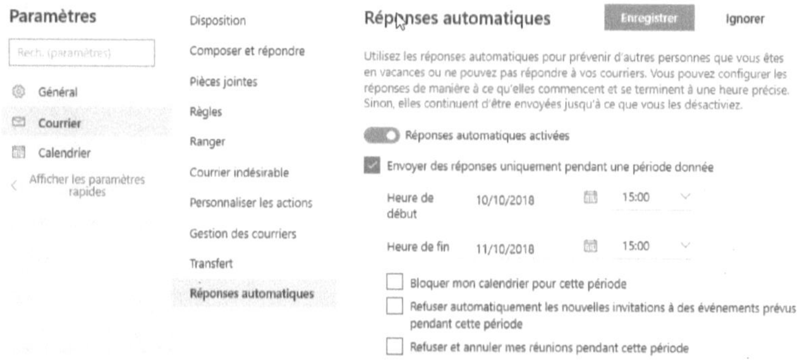

Ecran 15 paramètres de la réponse automatique

Vous avez le choix d'activer ou pas les réponses automatiques ; Si actif, vous pouvez choisir une période durant laquelle les réponses se feront automatiquement. Une fois cette période passée, le système arrêtera les réponses automatiques. Sans la période, ce sera à vous d'arrêter le mode de réponses automatiques.

« Bloquer mon calendrier durant cette période » vous permet d'afficher le statut indisponible et les personnes à qui vous auriez partagé le calendrier ne pourront entrer des informations durant cette période.

En plus, vous pouvez refuser toutes les invitations durant la période de réponses automatiques. Ceci évitera qu'une personne ne vous invite à une réunion sans avoir consulté votre disponibilité.

Si vous choisissez de refuser et annuler les réunions, celles déjà acceptées durant la période seront annulées.

Par défaut, le système répond automatiquement aux personnes de votre organisation. C'est-à-dire aux personnes avec le même nom de domaine (@macompagnie.com). Vous devez enregistrer un message de réponse, puisque c'est une réponse automatique.

Vous pouvez également choisir de répondre aux autres expéditeurs qui ne sont pas de votre organisation ; Ce sont les utilisateurs externes. En cochant en plus la case Envoyer les réponses uniquement à mes contacts, vous affinez la sélection seulement aux externes que vous avez dans votre liste de contacts. Vous devez définir le message personnalisé pour ces externes à votre organisation.

Règles de boite de réception

C'est dans cette partie du paramétrage de votre courrier que vous automatisez des actions lors de l'arrivée de messages dans votre boite de réception.

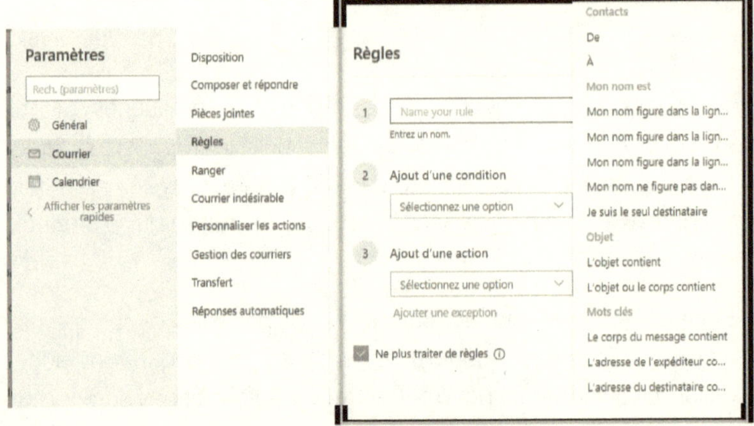

Ecran 16 définition d'une règle de courrier

Une règle est une suite de conditions qui sont analysées. A la fin si c'est toutes sont vraies, alors une ou une série d'actions sont déclenchées.

Par exemple, si « L'objet contient » « Formation14 » alors « Épingler en haut ».

Les règles sont exécutées du haut vers le bas, dans l'ordre dans lequel elles apparaissent dans la fenêtre Règles. Pour modifier l'ordre des règles, cliquez sur la règle à déplacer, puis sur la flèche Haut ou Bas pour déplacer la règle jusqu'à la position de votre choix dans la liste.

Règles   ×

Vous pouvez créer des règles qui indiquent comment traiter les messages entrants à Outlook. Vous choisissez les deux conditions qui déclenchent des actions que prend la règle et une règle. Les règles sont exécutées dans l'ordre indiqué dans la liste ci-dessous, en commençant par la règle en haut.

+ Ajouter une nouvelle règle

a moi
Si le message a été reçu de 'Martial AUROY', épingler le message et arrêter de   ↑ ↓ ✎ 🗑
traiter des règles supplémentaires sur ce message.

Martial AUROY
Si le message a été reçu de 'martial.auroy.formation', épingler le message.   ↑ ↓ ✎ 🗑

Si vos règles ne fonctionnent pas, générez un rapport.

Ecran 17 Liste des règles

Vous pouvez simplement activer et désactiver une règle avec le bouton on/off de la règle.

Attention, certains types de messages ne déclenchent pas de règles de boîte de réception, notamment :

Les notifications d'état de remise, qui incluent les notifications d'échec de remise et les messages système ;

Les confirmations de lecture et les accusés de réception qui sont générés par un client de courrier ;

Certains messages de réponse automatique (notification d'absence du bureau).

Vous pouvez également créer directement des règles à partir des messages. Pour créer directement une règle à partir d'un message : Cliquez avec le bouton droit sur le message dans le volet de la liste de messages, puis cliquez sur Ajouter une règle. Ou bien, lorsque vous affichez le message dans le volet de lecture, sélectionnez le menu étendu (clic droit), puis choisissez Créer une règle dans le menu.

Paramètres de réponse

On trouve ce paramétrage dans la section composer et répondre.

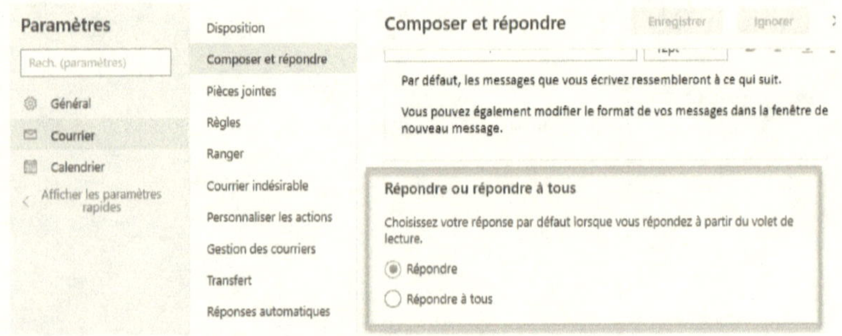

Ecran 18 Répondre ou répondre à tous

Vous pouvez modifier le paramètre de réponse par défaut affiché lorsque vous ouvrez un message (dans le volet de lecture) Ci-dessous, le choix par défaut est « Répondre ».

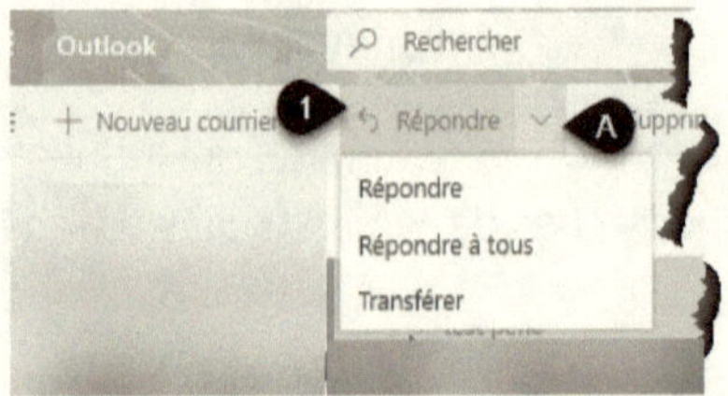

Ecran 19 Répondre depuis un message

Si par défaut, vous préférez « Répondre à tous » choisissez alors dans ce paramétrage ce choix :

- Répondre à tous. Le lien Répondre à tous apparaîtra en ❶ et votre réponse sera envoyée à tous les utilisateurs apparaissant dans les lignes À et Cc.
- Répondre. Le lien Répondre apparaîtra en ❶ et votre réponse sera envoyée uniquement à l'expéditeur.

- Transférer. Le lien transférer apparaîtra en ❶ et le message sera copier, prêt à être transféré aux destinataires de votre choix.

> Quelque soit le paramétrage que vous choisirez, vous pourrez bien entendu continuer à choisir le type de réponse et de transfert grâce à la flèche à côté (en Ⓐ).

Annuler l'envoi

Cette option est tout à fait intéressante car cela permet d'annuler l'envoi d'un message pendant 5 à 30 secondes. Cela vous laisse le temps de récupérer une erreur : Oubli de la pièce jointe, changement d'un destinataire, faute dans le sujet, etc.

> Pour annuler, cliquez sur le bouton Annuler qui apparaît en bas de la fenêtre.

On trouve ce paramétrage dans ⚙ en haut à droite, puis afficher tous les paramètres d'Outlook. Allez dans les paramètres du courrier, dans la section Composer et répondre. Descendez à 70% environ pour arriver enfin à la rubrique Annuler l'envoi comme ci-après.

Déplacez le curseur entre 0 et 10 secondes. Gardez votre choix en cliquant sur le bouton Enregistrer en haut à droite.

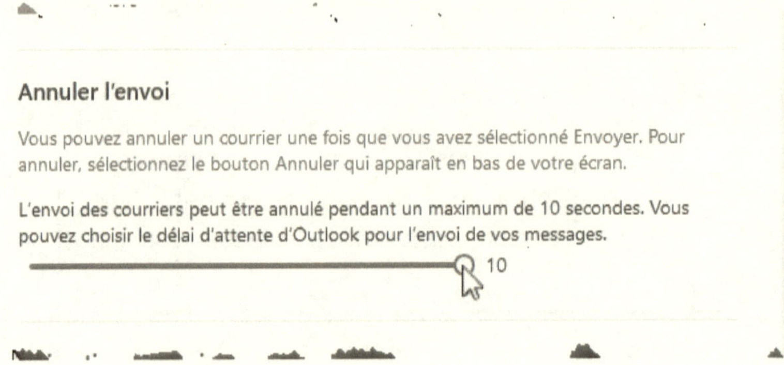

Annuler l'envoi

Vous pouvez annuler un courrier une fois que vous avez sélectionné Envoyer. Pour annuler, sélectionnez le bouton Annuler qui apparaît en bas de votre écran.

L'envoi des courriers peut être annulé pendant un maximum de 10 secondes. Vous pouvez choisir le délai d'attente d'Outlook pour l'envoi de vos messages.

Ecran 20 Temps pour annuler l'envoi des messages

Bloquer ou autoriser

Plusieurs sections ici qui se gèrent de manière identique.

Vous ajoutez ou enlevez des adresses de courriel que vous classez dans :

- Expéditeurs bloqués
- Domaines bloqués
- Expéditeurs autorisés
- Listes de diffusion autorisées

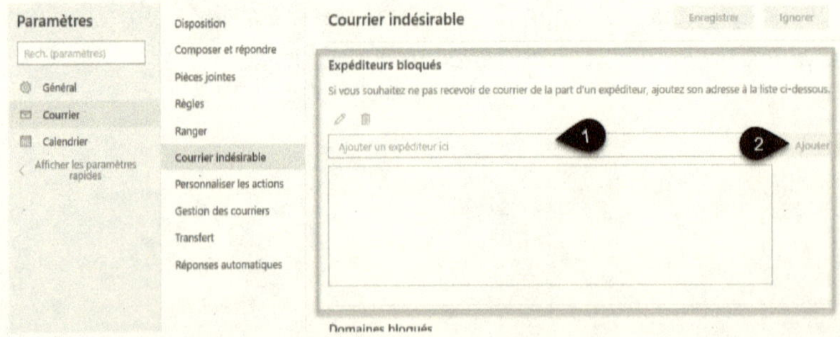

Ecran 21 Gérer la liste des indésirables

Modifiez la liste en sélectionnant un élément et en utilisant les boutons de modification et de suppression 

Pour ajouter, saisissez dans la zone ❶ une adresse courriel ou simplement le nom de domaine (nom.extension comme dans formation14.com) et actionnez le bouton Ajouter pour l'ajouter à la liste.

> Un expéditeur peut être classé dans les indésirables en le bloquant depuis la liste des messages. Sélectionnez le message, faites apparaître le menu contextuel (clic droit de la souris), choisissez Marquer comme indésirable. Ou utilisez le lien en haut de la fenêtre, Courrier indésirable et choisissez le type : Courrier indésirable ou Hameçonnage.

Préférences de pièces jointes

Dans la section des pièces jointes, vous avez le choix du comportement à adopter :

Ecran 22 Comportement avec les pièces jointes

- Me demander comment les partager à chaque fois, fera apparaître le choix d'associer à ce moment-là la pièce jointe en guise de **lien** ou en en faisant la copie dans le message.

- **Partager** en tant que lien OneDrive. C'est alors un lien vers le fichier qui se trouve dans votre OneDrive qui sera envoyé et non pas la copie du fichier. Pour modifier les droits - si les personnes peuvent modifier le fichier, ou uniquement l'afficher - sélectionnez comme ci-après le bouton Autres actions. ❶ Modifier les autorisations ❷, pour choisir ce que les personnes peuvent faire avec le fichier partagé.

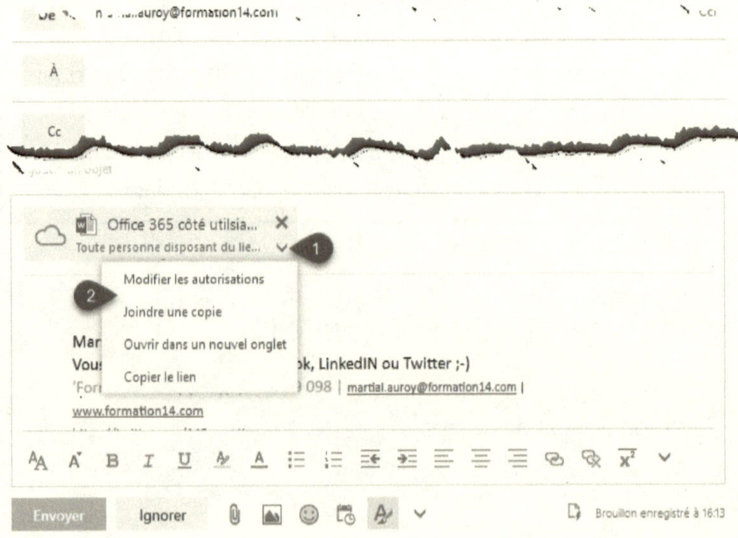

Ecran 23 Modifier les options d'un fichier attaché à un message

- Le dernier choix : Toujours partager en tant que copies fera donc systématiquement une copie du fichier dans le message électronique.

Il est évidemment plus pratique de créer des partages vers les fichiers quand c'est possible. Cela évite d'avoir des copies de fichiers avec ce que cela inclus comme travail lors du retour de ces fichiers modifiés par plusieurs personnes. En créant un partage vers un fichier stocké dans OneDrive, tous les destinataires – et vous-même - ont l'assurance de lire la dernière mise à jour. Si les droits sont aussi en modification, vos destinataires pourront alors directement travailler sur le contenu. Enfin, gardez à l'esprit que les utilisateurs sont de plus en plus sur appareil de type smartphone. Envoyer un lien c'est beaucoup, beaucoup plus léger pour ce type d'appareil.

Signature électronique

C'est ici que vous allez définir le contenu de votre signature à la fin d'un message.

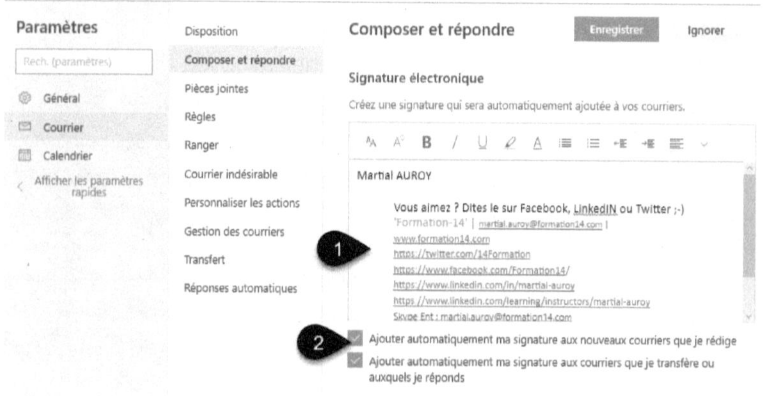

Ecran 24 Définir la signature électronique

La signature est à définir dans l'éditeur ❶. C'est un éditeur facile à utiliser qui permet dans l'ordre de la barre d'outils :

- Changer la police
- Taille des caractères
- Gras, italique, souligné
- Couleur du surlignage
- Couleur des caractères
- Liste à puces, numérotée
- Alignement du paragraphe
- Et d'autres fonctions encore sous le bouton « V »

Vous avez les choix ❷ de laisser le système ajouter votre signature à la fin de tous nouveaux messages et également d'ajouter cette signature aux messages de réponses et de transferts.

> 💡 Une seule signature peut être définie dans cette version en ligne. Outlook installé sur votre ordinateur permet plus d'une signature

Boite de réception prioritaire

La messagerie incluse dans Office 365 permet de trier les messages entrants entre ceux prioritaires et les autres qui ne le sont pas. Le système se base sur vos habitudes. Par exemple, vous recevez régulièrement des messages de la part de Microsoft®. Vous ne lisez pas ces messages tout de suite, mais vous les lisez tout de même. Au bout de quelque temps, le serveur de messagerie va classer pour vous ces messages de la part de Microsoft® dans la catégorie Autres, c'est-à-dire les non prioritaires.

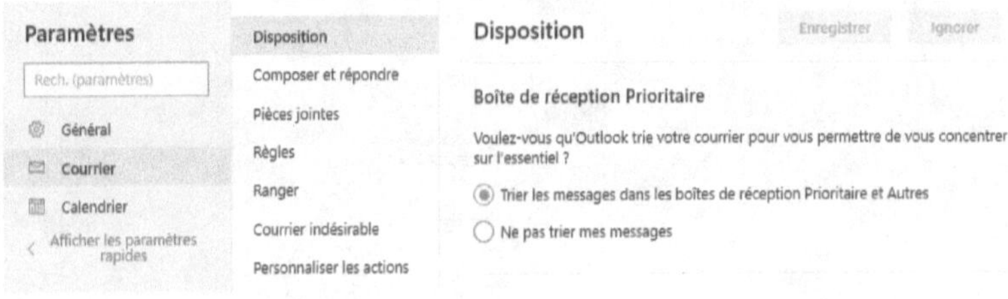

Ecran 25 Trier les messages

La boîte de réception Prioritaire contient alors les courriers électroniques les plus importants à vos yeux et ceux que le système ne connait pas.

Si des messages ne sont pas classés comme vous le souhaitez, utilisez les options Déplacer vers Prioritaire et Déplacer vers Autres à partir de la liste des messages.

Dans les paramètres, sous la catégorie Disposition, vous pouvez choisir de ne pas actionner la boite prioritaire et auquel cas de tout avoir dans la boite de réception.

Aperçu des liens

Lorsque vous rédigez un message électronique et ajoutez un lien (une URL), ou lorsque vous recevez un message électronique avec l'URL qu'elle contient, vous obtenez un aperçu incluant un titre, une miniature et une description du lien. Cette option est appelée « Aperçu des liens ».

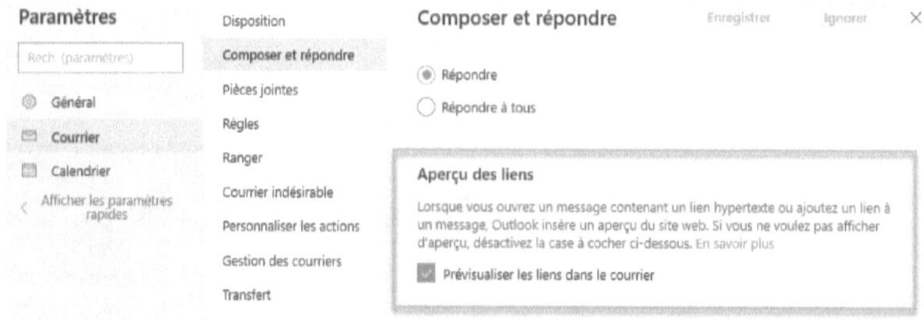

Au lieu du simple lien comme cela : http://www.formation14.com, vous avez ceci :

http://www.formation14.com

Ecran 26 Aperçu du lien dans un message

Format du message

Toujours afficher le champ Cci fait apparaître ce champ lors de la création d'un message. Le champ CCI est le champ de Copie Carbone Invisible. Plus simplement, c'est une zone vous permettant d'envoyer une copie à des personnes sans que les destinataires ne puissent les voir.

Toujours afficher le champ De, permet de choisir sous quel compte vous écrivez le message. En possédant plusieurs alias ou plusieurs comptes de messagerie, il peut être important de choisir dans la liste sous quel compte vous écrivez.

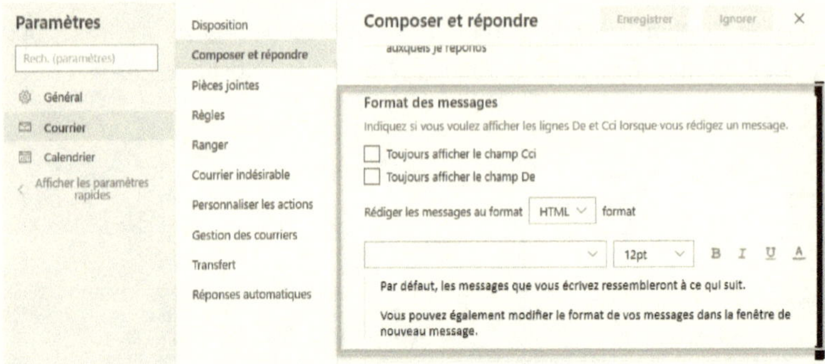

Ecran 27 Format des messages par défaut

Le format HTML permet de faire des messages avec des formes de caractères, des couleurs, d'insérer des images, etc. C'est le même format qu'une page de site Internet. Ce format HTML est celui le plus utilisé maintenant.

Le format Texte brut est comme celui d'une machine à écrire. Aucun effet de police, aucune image, aucune couleur. C'est pour faciliter la lisibilité sur des appareils minimalistes.

Disposition

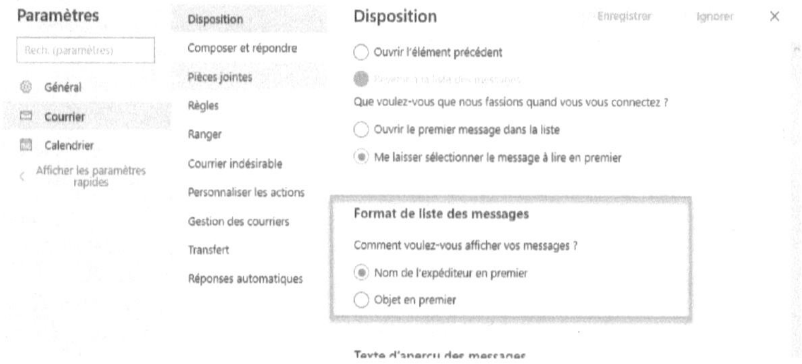

Ecran 28 Liste des messages

C'est dans cette section que vous définissez comment sont triés les messages :

Les messages peuvent être triés par le nom de l'expéditeur en premier ou par l'objet (le sujet).

Le texte d'aperçu est contenu dans quelques phrases dans la liste des messages, sous le sujet de chaque message. Vous choisissez si vous voulez faire apparaître cet aperçu, ou pas.

Afficher, ou pas, le prochain évènement de votre calendrier en haut de la liste des messages. Comme vous visualisez bien plus souvent vos courriels que votre agenda, mettre votre prochain rendez-vous ou réunion au sommet de vos messages peut être intéressant.

Actions rapides

Les actions rapides apparaissent en passant le curseur de la souris au-dessus d'un message de la liste.

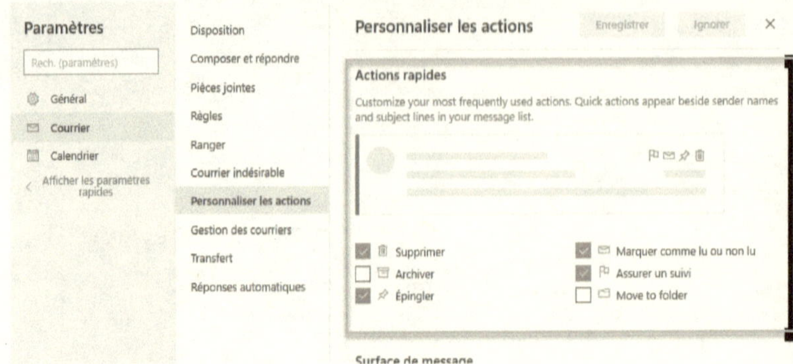

Ecran 29 Définition des actions rapides

Ce sont **quatre** actions que vous pouvez sélectionner parmi un choix de 6.

- Supprimer déplace le message dans la corbeille
- Marquer comme lu ou non lu permet de passer d'un état à l'autre
- Archiver déplace le message dans les archives de la boite aux lettres
- Ajouter un indicateur associe le message dans la liste des tâches avec ou sans échéance
- Epingler garde le message en haut de la liste avec les autres épinglés
- Déplace le message dans un dossier (Move to folder). Déplacer le message vers le dossier fait apparaitre la liste des dossiers pour déplacer le message vers celui choisi. On peut créer un nouveau dossier à ce moment-là également

Pour supprimer les actions rapides, ne cochez rien dans la liste.

Surface de message

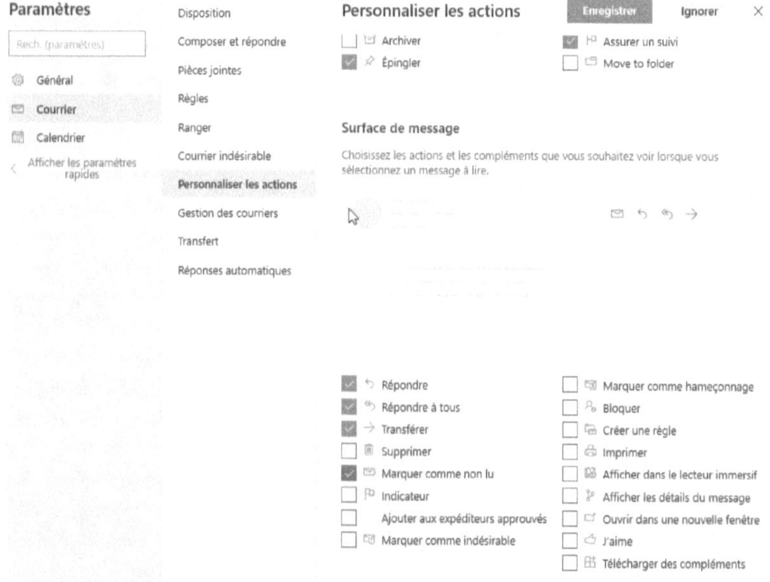

Ecran 30 Définition de la barre d'outils en lecture des messages

C'est ici que vous choisissez les boutons qui apparaissent au-dessus du message que vous lisez. Les actions apparaissent sinon dans le complément d'actions.

Ecran 31 résultat de la définition des boutons

Envoyer un nouveau message

La création d'un message électronique se fait depuis l'interface Web du courrier (Outlook) en actionnant le bouton +Nouveau ❶.

Le dialogue du message s'affiche à droite de l'écran ou directement dans une nouvelle fenêtre (voir page 21). Dans le cas où le nouveau message s'affiche à droite de l'interface, vous pouvez accéder à la fenêtre indépendante avez le bouton ⧉ en haut à droite.

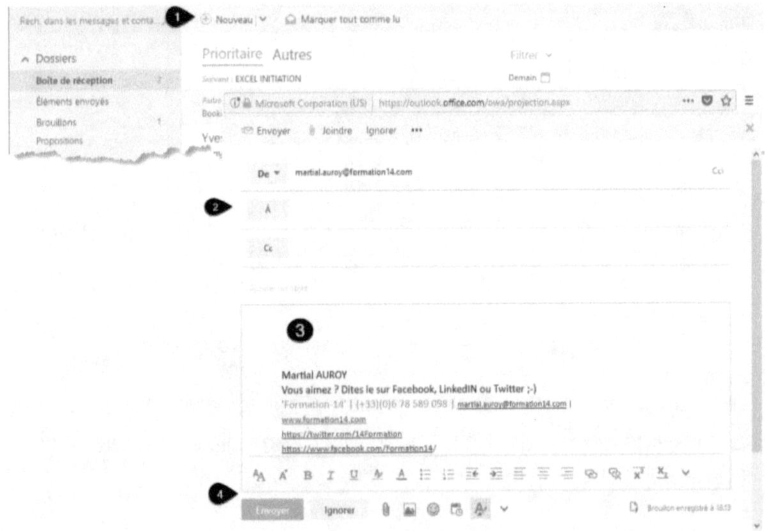

Ecran 32 Création d'un message

De, A, CC et CCI sont des zones concernant l'expéditeur et les destinataires.

La petite flèche à coté de **De** fait apparaître la liste des expéditeurs que vous pouvez utiliser. Si vous avez plusieurs alias (De) et donc plusieurs profils de messagerie, alors vous choisissez ici de quelle part vous écrivez le message.

A, CC et CCI sont les destinataires principaux, les destinataires en copie et les destinataires cachés.

- CC sont les initiales de Copie Carbone (Cc, Carbon Copy en anglais)
- CCI ont les initiales de Copie Carbone Invisible (Bcc, Blind Carbon Copy en anglais)

Saisissez les destinataires grâce aux méthodes suivantes :

1. Tout en saisissant le nom du destinataire, le système vous propose les éléments qu'il connaît déjà. Il vous suffit de cliquer sur celui qui correspond ou de valider au clavier pour accepter le premier de la liste.
2. Saisissez l'adresse Email complète et terminez par le caractère « ; »
3. Cliquez sur A, CC ou CCI pour saisir les destinataires depuis les listes de vos contacts et depuis les annuaires de l'entreprise.

Saisissez obligatoirement un sujet à l'emplacement Ajouter un objet. C'est le texte qui apparaîtra dans la liste des messages de vos destinataires.

> Attention, ne pas mettre l'objet (sujet) à un message, c'est s'exposer à être classé dans les SPAM et donc dans les indésirables non visibles par vos destinataires

La zone ❸ contient le texte de votre message électronique. Ce message doit être composé avec soin comme si cela était un courrier traditionnel sur papier. Prenez le temps de le composer, de le relire avant de l'envoyer.

Par défaut, le format est en texte HTML permettant de recevoir couleurs, polices, images etc. Il est possible aussi que ce soit du texte brut qui n'accepte que des caractères télétypes, sans couleur, ni tailles, ni image. Vous choisissez le format dans les options de votre environnement. Voir Format du message à la page 34.

OUTLOOK | Envoyer un nouveau message

En haut de la fenêtre, un bandeau contient quelques fonctions supplémentaires :

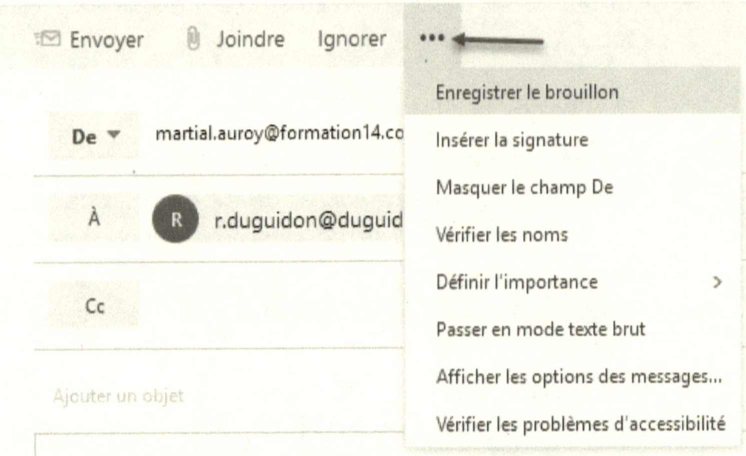

Ecran 33 fonctions supplémentaires d'un message

- Enregistrer le brouillon permet de forcer l'enregistrement dans le dossier des brouillons pour le reprendre plus tard. Il y restera jusqu'à sa suppression manuelle ou son envoi.
- Insérer la signature (voir Signature électronique page 32) est mise là où est le curseur dans la zone de texte au moment où vous actionnez la fonction
- Masquer ou Afficher le champ De cache ou affiche le profil de l'expéditeur. Si vous ne disposez que d'un compte, il n'est pas nécessaire de le garder à l'écran.
- Vérifiez les noms fait un contrôle de la saisie des destinataires. Le système contrôle que les adresses de courriels soient correctes. Il ne peut pas contrôler à ce stade si l'adresse existe vraiment.
- Définir l'importance ajoute pour les destinataires un qualificatif d'importance, Elevée, Normale ou Faible. Certaines messageries mettent plutôt Urgent à la place d'importance élevée mais cela revient au même.
- Passer en texte brut, ou en HTML vous permet de passer dans le mode télétype ou le mode de texte riche pour ce message

OUTLOOK | Joindre des fichiers à un message

uniquement. Le mode de texte brut est comme une machine à écrire (télétype) : Pas de tailles, pas de couleurs, pas d'images. Cela permet un message ultra léger comme un SMS.

- Afficher les options des messages permet de sélectionner pour ce message quelques options supplémentaires comme l'accusé de réception, la confirmation de lecture, le chiffrage.
- Les problèmes d'accessibilités concernent la vérification des pièces jointes au courrier

Saisir les destinataires depuis les listes

Depuis les listes de l'entreprise, Utilisez le guillemet français entrant ou sortant ① pour faire apparaître les sources d'adresses. Dans la partie centrale choisissez en double cliquant sur le nom ; Il sera ajouté à la liste des destinataires A, CC ou CCI. Enregistrez ② ou annulez pour ressortir sans modification.

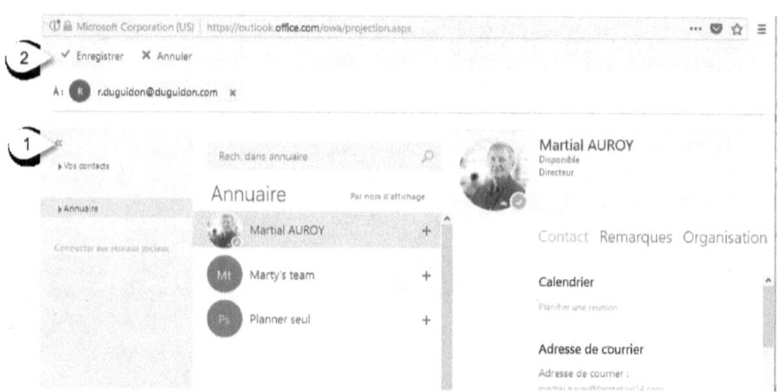

Ecran 34 choisir des destinataires depuis les listes

Joindre des fichiers à un message

Lorsque vous créez un message, réponse ou création, il est possible d'ajouter un ou des fichiers. C'est ce que l'on nomme une pièce jointe et le symbole que l'on retrouve souvent pour associer un ou des documents est le trombone 📎 .

En cliquant sur ce trombone, le système vous présente une fenêtre afin de choisir le lieu d'où la pièce jointe doit être prise.

> Bien entendu, si vous répétez plusieurs fois l'action, vous joignez plusieurs fichiers de sources différentes

Il faut noter qu'il ne faut pas ajouter un fichier « actif » à un message électronique ; Par exemple un programme (extension .exe). Pas de scripts, pas de pack d'installation. Bref, tout élément pouvant porter atteinte à la sécurité du poste distant sera refusé.

Si tout de même vous avez à joindre ce type de fichier actif, mettez-le dans un fichier d'archive. Vous savez, un Zip, Cab ou ISO. Et protégez l'ouverture de cette archive par un mot de passe.[2]

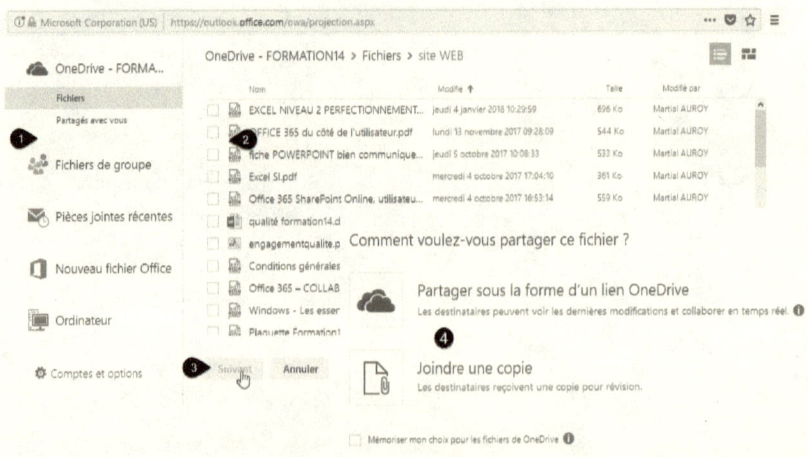

Ecran 35 Choisir des pièces à joindre à un message

---

[2] https://support.microsoft.com/fr-fr/help/14200

OUTLOOK | Joindre des fichiers à un message

❶ Dans la partie de gauche de la fenêtre, vous sélectionnez depuis quel emplacement vous allez puiser les fichiers. La liste est définie suivant votre environnement et vos abonnements. On retrouve OneDrive, SharePoint, les fichiers de groupes de travail. On trouve également dans cette liste les pièces jointes que vous avez récemment attachées à d'autres messages.

Vous pouvez aussi créer un nouveau fichier Office (Word, Excel, PPoint) à partir de là. Enfin, vous pouvez choisir un fichier qui se trouve dans votre PC et depuis un accès de votre PC dans le réseau local. Si vous utilisez un disque réseau connecté, c'est dans la section Ordinateur que vous le trouverez.

Une fois la section de gauche choisie, vous avez la liste des fichiers ❷. Si vous ne voulez qu'un fichier, vous pouvez double cliquer directement sur son nom. Si vous en voulez plusieurs, sélectionnez grâce aux cases à cocher de la première colonne. Validez vos choix par le bouton Suivant ❸ ou Annuler pour revenir au message sans rien y avoir ajouté.

Une fois le choix effectué, vous avez le choix ❹ d'attacher la copie des documents choisis ou de mettre le lien vers ceux-ci.

Dans le cas où la source est OneDrive et SharePoint, il est probable que le lien soit la meilleure solution. Le lien permet aux destinataires d'accéder au fichier stocké à son emplacement. Si vous envoyez un fichier pour modification, le lien est assurément la meilleure solution. Tout le monde pourra alors voir la dernière version et vous n'aurez pas à consolider les modifications de tous.

Depuis la pièce jointe, vous avez un menu permettant de modifier le transport, de lien à copie jointe. Également, vous pouvez modifier les autorisations - si c'est un lien - pour donner ou pas les droits de simple visualisation (et téléchargement) ou des droits de modification.

OUTLOOK | Joindre des fichiers à un message

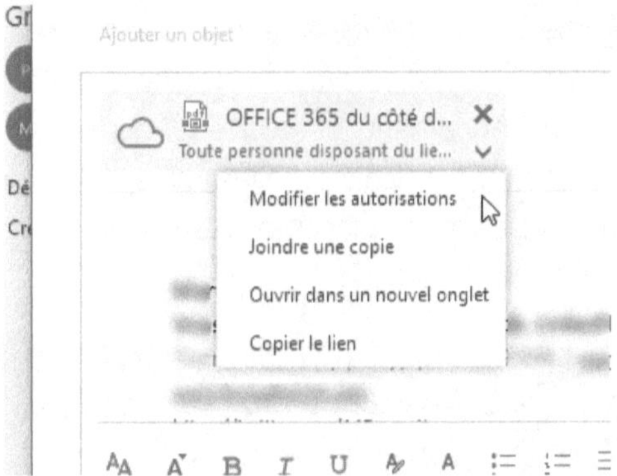

Ecran 36 Modifier le transport d'un document joint à un message

Dans l'exemple ci-dessus, on remarque le symbole du nuage qui indique que le fichier n'est pas dans le message mais qu'il s'agit d'un lien vers Internet (le cloud, les nuages). En passant la souris au-dessus, on sait aussi que les droits sont appliqués à toute personne disposant du lien en consultation. Si nous avions mis la copie d'un fichier, il apparaîtrait avec un trombone.

ONEDRIVE

OneDrive est le « disque » permettant de stocker des fichiers et des informations. C'est un peu comme si vous aviez le dossier « mes documents » à distance et du coup accessible depuis n'importe quel autre lieu.

OneDrive est là aussi pour partager le contenu avec vos amis et collaborateurs. Vous partagez aisément des fichiers avec d'autres personnes, collaborez et voyez les modifications et les commentaires en temps réel.

Et puis OneDrive permet d'y rester connecté où que vous soyez grâce à l'application mobile OneDrive sur Android™, iOS® ou Windows Phone.

OneDrive est un SharePoint individuel, personnel si vous l'utilisez en tant que particulier.

L'interface Web de OneDrive est simple à appréhender. L'écran est divisé en deux parties : La partie de gauche pour la navigation entre les composants et la partie de droite pour naviguer et exploiter le contenu sélectionné.

ONEDRIVE | Joindre des fichiers à un message

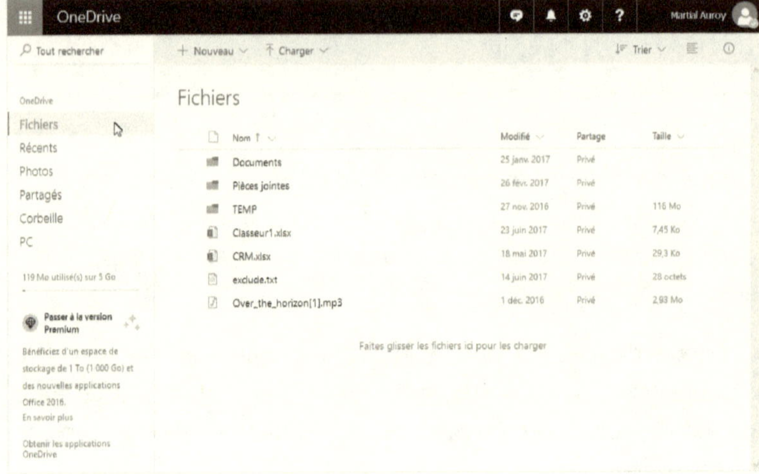

Ecran 37 L'accueil de OneDrive

1. Fichiers

   C'est l'entrée principale de OneDrive ; C'est ici que vous enregistrez vos fichiers

2. Récents

   En cliquant sur ce lien, vous visualisez les fichiers récemment modifiés et créés

3. Partagés (avec moi)

   Cette partie montre uniquement les fichiers que d'autres personnes ont partagé avec vous. Ces fichiers et dossiers sont dans d'autres OneDrive que le vôtre.

4. Corbeille

   si vous jetez des fichiers et des dossiers, c'est ici qu'ils arrivent. Vous pouvez aller les reprendre si c'est une erreur de les avoir supprimés. Si cette corbeille ne contient plus les éléments supprimés que vous recherchez – et que vous êtes en version entreprise – vous pouvez demander à l'administrateur de les récupérer dans le container (corbeille de site).

Création d'un dossier, d'un document Office

Pour créer un dossier dans votre OneDrive à vous, allez dans la section « Fichiers » à partir de la partie de gauche. La zone de droite laisse apparaître le contenu. Au-dessus, le bandeau laisse apparaître le bouton Nouveau. Cliquez sur ce choix pour laisser apparaître quoi créer :

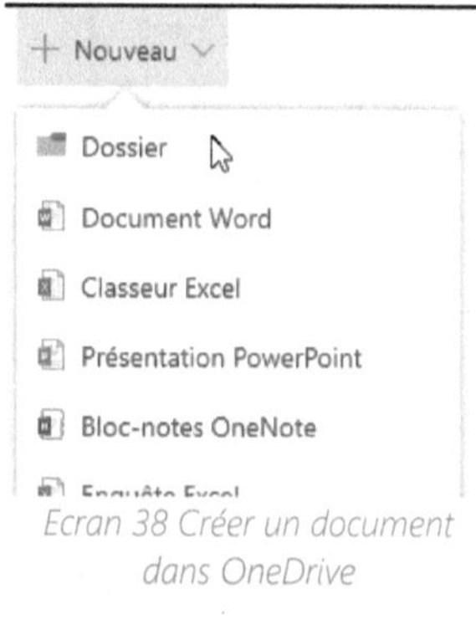

Ecran 38 Créer un document dans OneDrive

Dossier est bien entendu le choix pour créer un nouveau dossier. En cliquant sur ce choix vous êtes invité à saisir le nom de celui-ci. C'est bien la même utilisation que de créer un dossier dans un disque ou dans une bibliothèque de Windows.

Les **documents**, de Word à l'enquête Excel, sont là pour créer un document Office. Dans tous les cas, ce sera l'application Web, exécutée dans le navigateur, qui sera utilisée.

Le **texte brut** vous donne la possibilité de créer un fichier comme vous le feriez avec le bloc-notes.

Importer fichiers et dossiers

A partir du bandeau, vous disposez d'un bouton Chargez. Choisissez si vous voulez importer un dossier complet ou fichiers par fichiers.

Choisissez depuis votre ordinateur un dossier par exemple ; Il sera importé dans votre OneDrive avec tout son contenu.

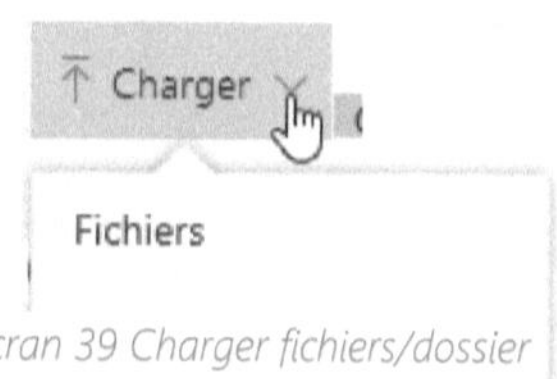

Ecran 39 Charger fichiers/dossier

Le transfert de fichier(s) demande que vous choisissiez un ou des fichiers depuis un dossier. Si vous voulez charger plusieurs fichiers de différents dossiers, il faut faire l'opération en plusieurs fois.

> ⚠ Attention, le transfert peut être long et il ne peut continuer que si votre navigateur reste ouvert sur la page de OneDrive. Un conseil, ouvrez un autre onglet dans votre navigateir et laissez celui-ci faire le transfert.

Copier par Glisser/Déplacer

Vous pouvez aussi copier des fichiers dans OneDrive, en réalisant un glisser/Déplacer depuis l'explorateur de Windows à votre navigateur Internet.

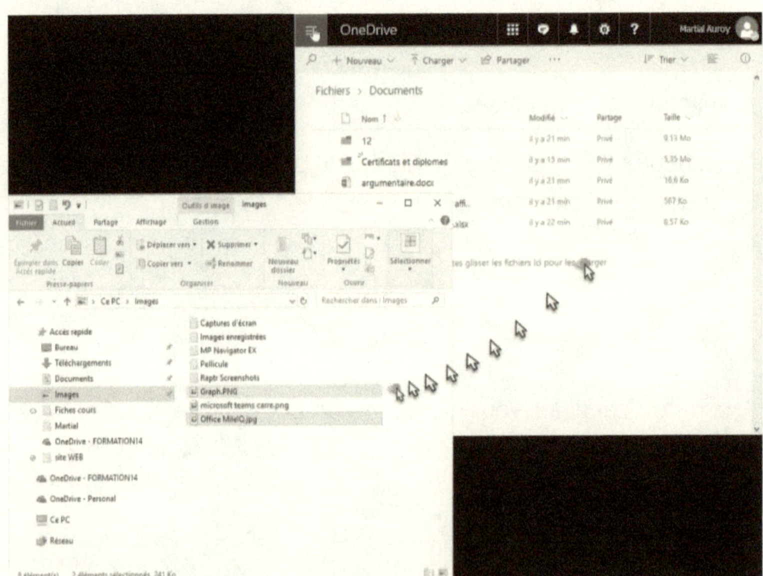

Ecran 40 Glisser déplacer pour charger

Quand vous relâchez le bouton de la souris, la copie commence. Comme dans le cas précédent de la copie par simple importation, faites attention à ce que la copie soit terminée avant de fermer la page de OneDrive.

> S'il y a un conflit de copie, le fichier existe déjà par exemple, choisissez alors l'action de remplacer l'existant, de le copier et garder les deux ou d'annuler la copie.

Supprimer un fichier / un dossier

Dans OneDrive, pour supprimer un fichier ou un dossier il faut ❶ le sélectionner, puis à partir du bandeau, choisir $\boxed{A}$ Supprimer. Ou alors, cliquez sur les trois boutons ① de la ligne du fichier pour faire apparaître le menu contextuel, choisissez $\boxed{B}$ supprimer.

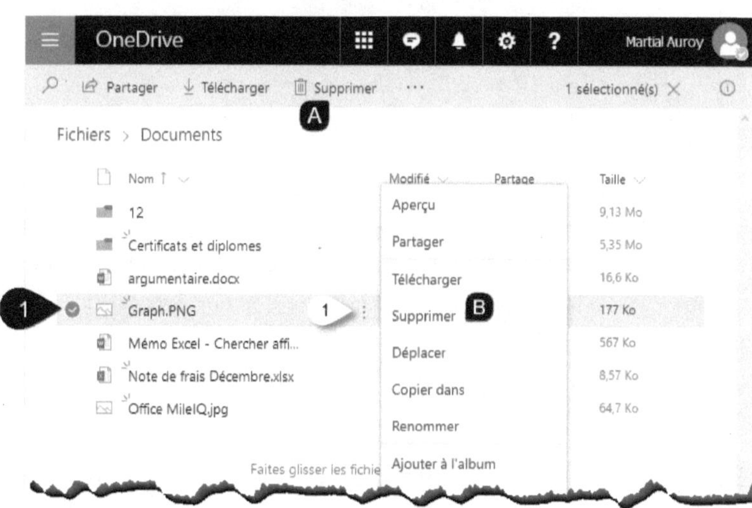

Ecran 41 Supprimer fichier ou dossier

Confirmez ensuite pour valider la suppression.

Corbeille

C'est un peu comme une vraie corbeille à papier, on peut y retourner pour reprendre un document jeté.

Si vous supprimez des fichiers et dossiers de *votre* OneDrive, vous pouvez les retrouver dans la corbeille. Allez dans la corbeille à partir de la zone de gauche. Choisissez en le ou les fichiers à ressortir de la corbeille en les sélectionnant.

Dans le bandeau, cliquez sur ↺ Restaurer

> 💡 La corbeille de OneDrive garde les fichiers durant 30 jours si vous utilisez un compte Microsoft® et durant 93 jours si vous êtes avec un compte professionnel.

Synchroniser OneDrive avec votre Ordinateur

OneDrive est un espace de stockage qui peut être synchronisé avec votre ordinateur. Du coup, le contenu de cet espace peut - tout ou partie - être recopié sur le disque de votre PC et être synchronisé. C'est donc chaque modification faite sur le PC sera publiée sur le OneDrive distant et chaque modification apportée dans votre OneDrive sera publiée sur votre PC.

Bien entendu cette synchronisation peut se faire sur plusieurs appareils et ainsi, tous seront à jour.

A partir de Fichiers, dans le bandeau, actionnez le bouton de synchronisation : ⟳ Synchronisation

ONEDRIVE | Synchroniser OneDrive avec votre Ordinateur

Si l'application OneDrive ne démarre pas, téléchargez la version la plus récente de OneDrive et installez-la. https://onedrive.live.com/about/download/

La dernière version de OneDrive prend en charge les utilisateurs de OneDrive Entreprise *et* OneDrive personnel.

Lorsque le programme d'installation de OneDrive démarre, entrez votre compte OneDrive (Microsoft® ou Office 365), puis sélectionnez Se connecter pour configurer votre compte comme ci-dessous :

Ecran 42 Configurer OneDrive pour PC

Sur l'écran qui suit, vous devez choisir où synchroniser OneDrive sur cet ordinateur.

Ecran 43 Choisir où placer les fichiers synchronisés

Cliquez sur Suivant pour accepter l'emplacement par défaut du dossier pour vos fichiers OneDrive. Si vous voulez changer l'emplacement du dossier, sélectionnez Modifier emplacement.

C'est *le* meilleur moment pour effectuer la modification de l'emplacement de la synchronisation.

La synchronisation va commencer

Pour modifier les dossiers synchronisés plus tard, une fois la synchronisation active, il suffit de cliquer-droit sur l'icône nuage bleu (compte professionnel) ou blanc (compte personnel) dans la zone de

ONEDRIVE | Synchroniser OneDrive avec votre Ordinateur

notification de barre des tâches, puis sélectionnez paramètres > compte > choisir les dossiers.

Vos fichiers OneDrive seront affichés dans l'Explorateur de fichiers dans le dossier OneDrive. Si vous utilisez plusieurs comptes, vos fichiers personnels apparaissent sous OneDrive – personnel et votre travail apparaît sous OneDrive – *nom de domaine*.

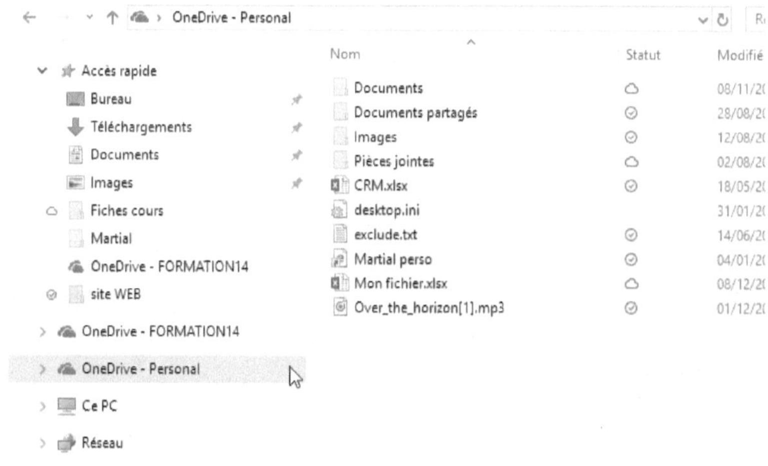

Ecran 44 OneDrive synchronisé dans l'explorateur

Peut-être avez-vous la version de Windows 10 avec OneDrive permettant de gérer les fichiers « à la demande ». Cela vous permet d'accéder à tous vos fichiers du OneDrive sans avoir à les synchroniser sur votre PC.

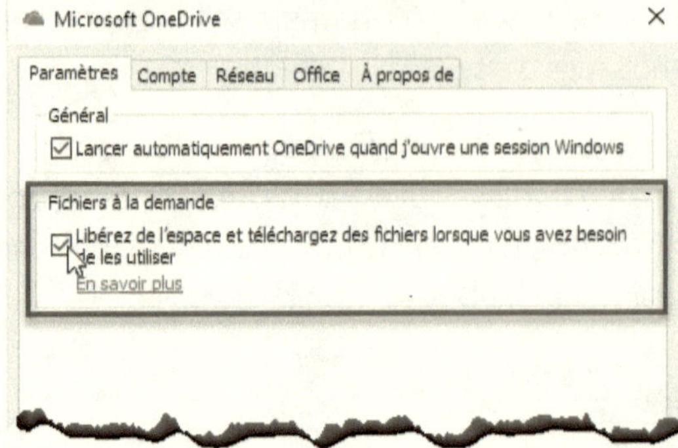

Ecran 45 Choisir les fichiers à la demande

C'est seulement lorsque vous tenterez de les ouvrir, qu'ils seront chargés sur votre copie locale. Bien entendu, ce chargement « à la demande » ne peut se faire que si vous êtes connecté à Internet. Sinon ce seront que ceux synchronisés qui seront accessibles. Vous gérez via l'entrée de nouveaux fichiers à la demande dans la fenêtre Paramètres de OneDrive.

Statuts de la synchronisation

Dans l'explorateur de Windows, les fichiers apparaissent avec un symbole permettant de connaître le statut de sa synchronisation. Soit directement sur l'icône du fichier, soit dans une colonne statut.

Le nuage bleu montre que ce fichier n'est disponible que sur Internet. Si vous tentez de l'ouvrir, il sera préalablement téléchargé.

Une fois chargé, il est disponible sur votre disque. Si vous avez besoin de plus d'espace, vous pouvez modifier le statut de ce fichier à

« en ligne uniquement ». Il suffit cliquer droit sur le fichier et sélectionnez « Libérez de l'espace ».

Cette coche sur fond vert montre que le fichier est toujours synchronisé *et qu'il est à jour*.

La double flèche indique que ce fichier est en cours de synchronisation. Soit il a été modifié sur ce PC et il est remis à jour sur le OneDrive distant, soit l'inverse.

Si la croix apparaît, c'est qu'il y a une erreur de synchronisation ou un conflit. Faites apparaître le menu contextuel (clic droit) du fichier ou du dossier et prenez connaissance du problème pour agir en conséquence. Souvent c'est qu'il y a eu modifications dans le OneDrive alors que vous étiez hors connexion et que vous avez aussi fait des modifications. Il faudra choisir lequel garder.

Gros transferts vers/de OneDrive

Si vous avez de gros transferts à faire de ou vers OneDrive, la solution d'importer ou de copier par glisser/déplacer dans le navigateur Internet est risquée. On rencontre souvent des erreurs de temps dépassé (timeout). Pour pallier à ça, la synchronisation avec l'ordinateur est parfaite ! (Voir Synchroniser OneDrive avec votre Ordinateur, page 51 pour savoir comment synchroniser le contenu)

Une fois que le contenu de votre OneDrive est synchronisé avec votre ordinateur, il suffit de déplacer ou de copier vos fichiers et dossiers que vous avez dans votre PC, par exemple depuis le « Mes documents », vers OneDrive. Utilisez l'explorateur de Windows et déplacez les fichiers comme vous le feriez vers une simple clé USB ou un disque Réseau. Le transfert dans le disque de votre ordinateur se

ONEDRIVE | Transférer ses dossiers importants dans OneDrive

fera en quelques secondes. La synchronisation peut mettre plusieurs jours pour les transmettre au OneDrive d'Internet, cela n'est pas grave, le système de synchronisation gérera.

Transférer ses dossiers importants dans OneDrive

Bien entendu que le transfert de vos fichiers vers OneDrive vous permet de les sécuriser contre la panne de votre disque de PC, le vol de votre appareil et la suppression même avec la corbeille.

Vous avez très certainement mis vos fichiers dans Documents de votre appareil ou sur le bureau. Les photos sont dans Images par exemple. Bref, vous décidez à juste titre de déménager vos fichiers vers OneDrive.

OneDrive Personnel

Dans le cas d'un OneDrive personnel, vous passez par la configuration de l'outil de synchronisation OneDrive comme ci-dessous.

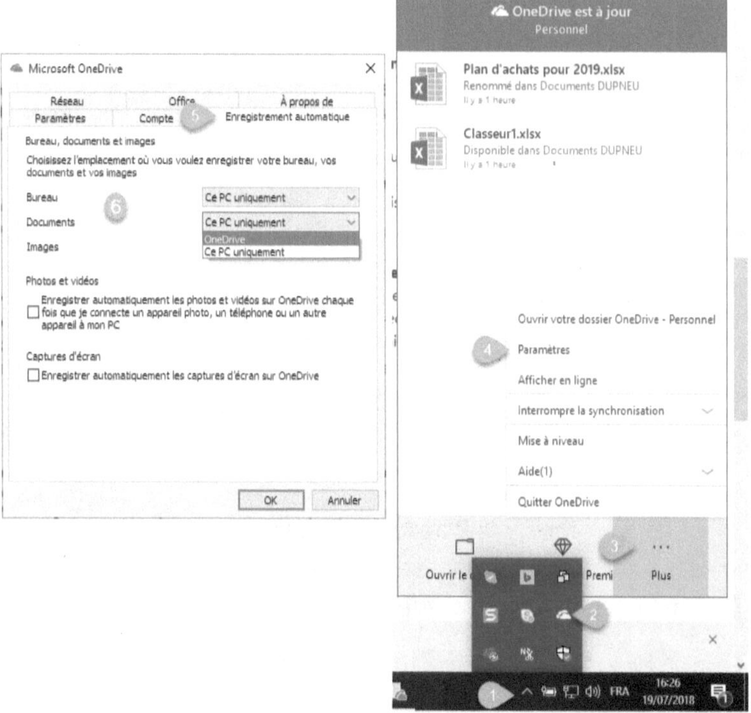

Ecran 46 Enregistrer vos documents et images dans OneDrive

En premier, depuis la barre des tâches ❶, entrez dans la zone de notification et ouvrez (clic gauche pour droitier)❷ la fenêtre de OneDrive personnel.

Puis ouvrez les paramètres à partir du Plus ❸ ; La fenêtre des paramètres de OneDrive apparaît. Allez à l'onglet ❺ de l'enregistrement automatique.

Là ❻, vous choisissez pour vos trois dossiers de Windows : Bureau, Documents et Images, si vous voulez un transfert automatique vers OneDrive ou uniquement sur PC.

- **Ce PC uniquemen**t : Ce PC est le premier emplacement proposé pour enregistrer le fichier. Le fichier *n'est pas*

ONEDRIVE | Transférer ses dossiers importants dans OneDrive

enregistré dans OneDrive, sauf si vous le faites séparément, manuellement.

- **OneDrive** : Si vous choisissez cette option, le dossier sera alors synchronisé avec le OneDrive et sur votre PC, les fichiers que vous enregistrez à cet emplacement sont disponibles sur votre PC, même s'il n'est pas connecté à Internet. Vous accédez à ces fichiers depuis tous vos appareils synchronisés à Internet.

OneDrive Professionnel

Bizarrement, l'option pour utiliser synchroniser les dossiers « importants » dans OneDrive n'est pas accessible en version OneDrive Professionnel. Alors il existe un autre moyen. Suivez-moi.

Avant de synchroniser le **Bureau**, les **Documents** ou/et le dossier **des images** sur votre ordinateur avec OneDrive, créez un dossier Bureau, Documents et Images dans votre espace OneDrive professionnel.

Ensuite, allez dans l'explorateur de fichiers, dans le premier dossier que vous voulez déplacer, par exemple Documents :

ONEDRIVE | Transférer ses dossiers importants dans OneDrive

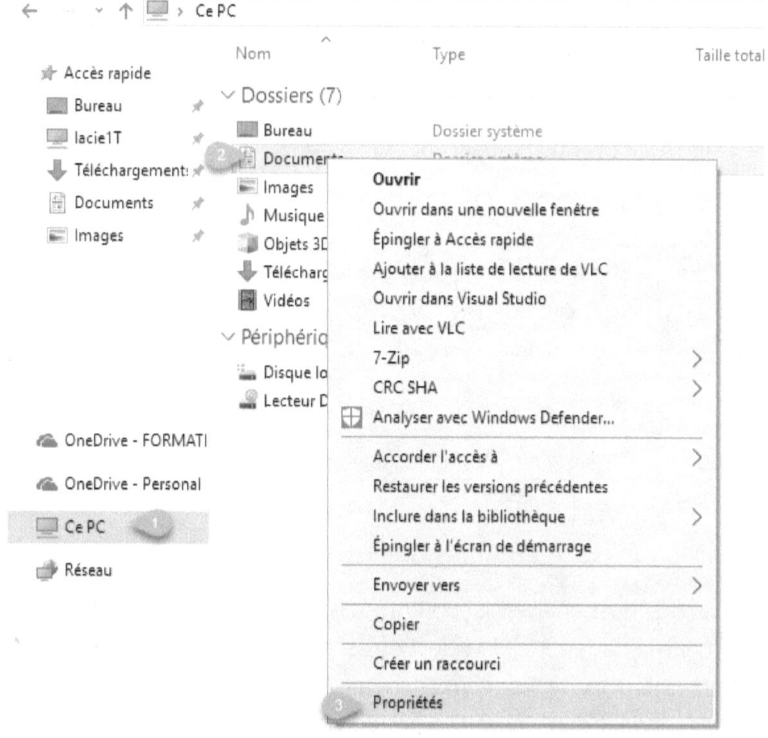

Ecran 47 Déplacer ses dossiers importants dans OneDrive

Rendez-vous dans l'explorateur de fichiers de Windows, allez dans Ce PC ❶ et sélectionnez alors le dossier que vous voulez déplacer ; Ici le dossier de mes documents ❷.

Faites apparaître le menu contextuel (clic droit) pour pouvoir modifier les propriétés ❸ de ce dossier.

Comme dans l'image ci-après, passez à la définition de l'emplacement en sélectionnant l'onglet Emplacement ❹ et cliquez sur le bouton Déplacer…❺. Notez que pour le moment, le dossier est sur le disque, dans un dossier hors OneDrive.

Dans le dialogue de choix de la destination, choisissez l'emplacement de votre OneDrive professionnel ❻, et le dossier que vous venez de créer correspondant. Dans cet exemple, le dossier Documents ❼.

(Bien entendu, si vous déplacez Images, choisissez le dossier images 😊, c'est plus logique). Pour ma part j'ai d'autres dossiers : Exercices, Médias, mais importe peu.

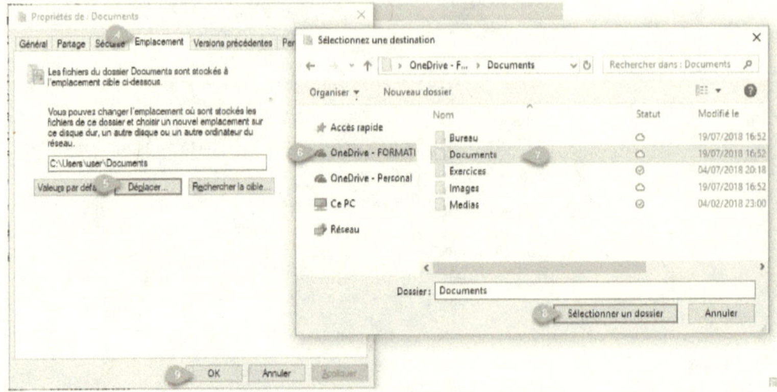

Ecran 48 Déplacer le dossier vers OneDrive

Validez le dossier avec le bouton Sélectionner un dosser ❽. A ce moment-là, la fenêtre de sélection se ferme et l'écran propriétés de documents (ou de votre dossier) affiche le chemin vers le dossier correspondant dans OneDrive entreprise.

Validez par OK ❾ et le tour est joué.

Répétez ceci pour les deux autres dossiers, Images et Bureau, si vous voulez.

Partage

Le partage de fichiers depuis son OneDrive est une fonctionnalité très utilisée. Vous partagez vos photos, vos rapports, vos plans, vos formulaires... Plutôt que de copier un fichier ou pire, de le mettre en pièce jointe d'un message électronique, on passe le lien du partage du document ou du dossier.

Vous pouvez partager des fichiers à des utilisateurs de votre organisation comme à des utilisateurs externes, sous réserve de la politique établie par votre entreprise.

Personnel

Allez dans OneDrive de votre compte personnel, sélectionnez un dossier ou un fichier. Depuis le bandeau, choisissez d'actionner Partager **Partager**

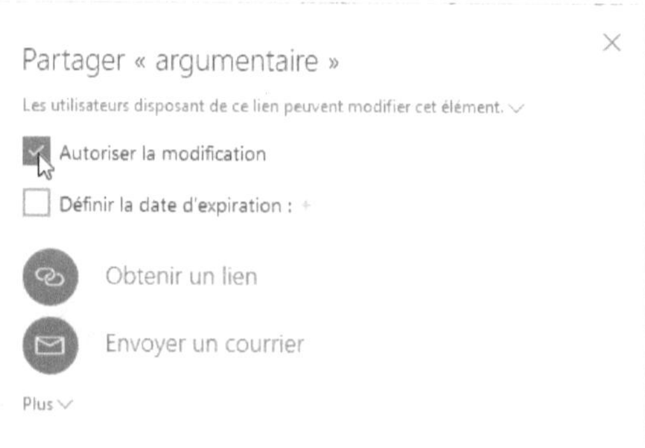

Ecran 49 Partager un élément depuis un compte personnel

Choisissez d'autoriser ou pas la modification. Vous pouvez bien entendu faire le partage en plusieurs fois si vous voulez accorder différents droits à différentes personnes.

La date d'expiration ne peut se définir que si vous avez un compte personnel Premium (donc payant). Dans ce cas, donnez si vous le désirez une date à laquelle le partage se terminera de lui-même.

Choisissez **Obtenir un lien** pour partager des éléments avec un grand nombre de personnes que vous ne connaissez peut-être pas personnellement. Quiconque recevant le lien peut afficher ou modifier l'élément en fonction de l'autorisation que vous définissez. N'oubliez pas que le lien peut également être transféré et *qu'aucune connexion n'est requise.* Une fois le choix Obtenir le lien est fait, le système génère le lien qu'il suffit de copier dans le presse-papier. Coller-le dans un message, dans un site...

Envoyer un courrier est l'option qui génère un lien et qui l'associe à un message. Une petite fenêtre apparaît alors pour vous demander les destinataires et le message d'accompagnement comme ci-dessous :

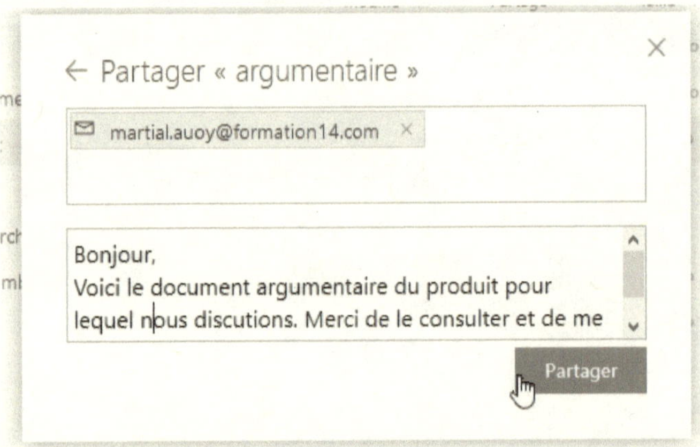

Ecran 50 Partager avec message

Si vous avez cliqué sur PLUS, en bas de la fenêtre de partage, vous avez aussi le choix de réseaux sociaux : Facebook, LinkedIn, Twitter, Sina et peut-être d'autres. En choisissant tel ou tel réseau social, vous aurez un lien à copier/ coller dans votre page ou une fenêtre apparaîtra, pré renseignée d'un lien ; Il vous restera juste à mettre le texte d'accompagnement.

> ⚠ Evidement, un lien vers une page de réseau social, public, ne devrait probablement pas être avec des droits de modification. Faites attention.

Si vous décidez de partager un dossier, tout le contenu de celui-ci sera accessible également bien entendu. Si vous donnez les droits de modifications à un partage de dossier, alors les personnes disposant du lien pourront ajouter, supprimer des fichiers et modifier le contenu.

Professionnel

Accédez au site web OneDrive et connectez-vous avec votre compte professionnel ou scolaire. Sélectionnez le fichier ou le dossier à partager, puis sélectionnez Partager.

Entrez le nom des personnes avec lesquelles vous voulez établir le partage. Vous pouvez entrer directement une adresse de courriel si c'est une personne externe à l'entreprise.

N'oubliez pas de mettre un message.

La liste de choix de l'entête de la fenêtre est liée aux droits établis dans l'entreprise. Par défaut, les choix sont les suivants :

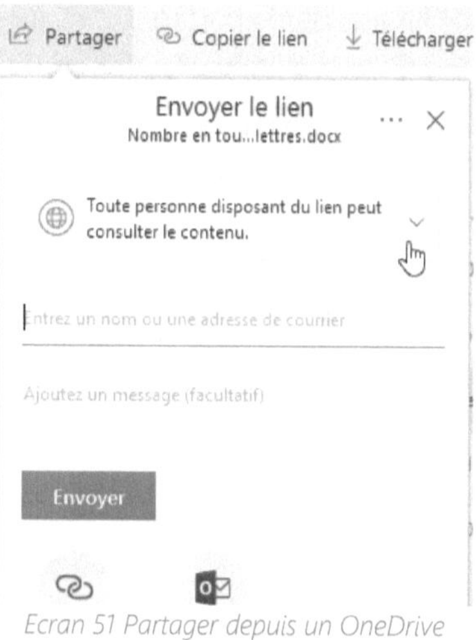

Ecran 51 Partager depuis un OneDrive professionnel

L'option **Tout le monde** octroie l'accès aux personnes qui reçoivent le lien, qu'elles le reçoivent directement de vous ou qu'il ait été transféré par un tiers. Cela peut inclure des personnes extérieures à votre organisation.

L'option **Membres de <votre organisation>** permet à tous les membres de votre organisation d'accéder au lien, qu'ils le reçoivent directement de vous ou qu'il ait été transféré par un tiers.

L'option **Personnes spécifiques** octroie l'accès aux *seules personnes* que vous spécifiez, même si d'autres personnes ont déjà accès à l'élément. Si le lien est transféré, seules les personnes qui ont déjà accès à l'élément pourront utiliser le lien.

Personnes ayant déjà accès permet de renvoyer le lien aux personnes qui ont été désignées antérieurement.

> Par défaut, l'option Autoriser la modification est activée. Si vous souhaitez que les utilisateurs puissent uniquement afficher vos fichiers, décochez la case.

Pour finaliser le partage, vous avez le choix d'envoyer, de copier le lien ou encore d'utiliser Outlook.

1. Dans le premier cas, c'est le système qui envoie le message aux destinataires avec le lien vers l'élément.
2. Dans le second cas, vous disposez d'un lien à copier et c'est à vous de le diffuser aux personnes désignées.
3. Dans le troisième et dernier cas, Outlook, le message est généré dans votre interface de courriers et vous avez la main pour le finaliser et l'envoyer.

Partage de dossiers

Pour partager un dossier complet, c'est exactement comme pour un fichier. Lorsque vous partagez des dossiers avec des autorisations de modification, les personnes avec lesquelles vous partagez peuvent ajouter des dossiers et des fichiers. Ceux-ci se retrouvent alors partagés avec les autorisations que vous avez définies au dossier.

Les personnes avec qui vous partagez un dossier peuvent également supprimer du contenu, tels que dossiers et fichiers alors que vous avez les droits de modifications au dossier parent.

> Lorsque vous partagez un fichier, vous partagez tout le contenu du fichier. Partager un dossier revient à partager tout ce qu'il contient, même ses sous-dossiers.

Modifier, supprimer un partage

La suppression d'un partage OneDrive s'effectue en sélectionnant l'élément partagé, puis en accédant à ses informations.

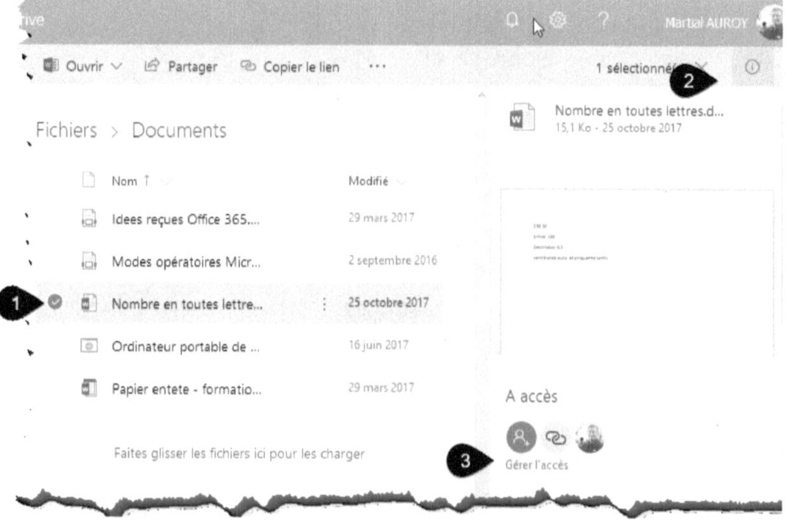

Ecran 52 Modifier le partage d'un fichier

1 En premier, sélectionnez le fichier. Puis **2** choisissez à droite du bandeau le bouton d'information ⓘ.

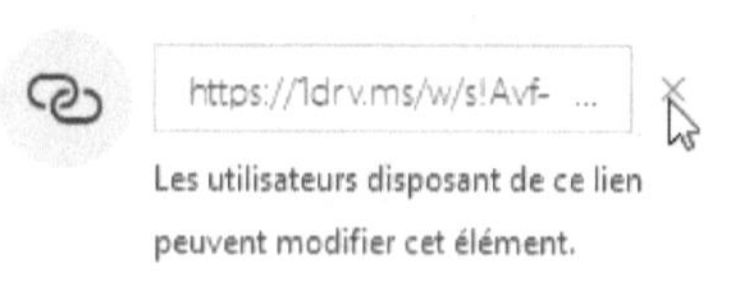

Ecran 53 Supprimer un lien de partage

A partir du bandeau de droite, descendez dans la section Gérer l'accès, pour ouvrir et modifier les partages.

Pour cesser de partager un lien, sélectionnez x en regard du lien à désactiver comme ci-contre.

Pour modifier le partage dans la version personnelle, choisissez la personne et sélectionnez le type de partage que vous voulez : Modification ou Simple consultation.

Pour supprimer le partage avec cette personne, choisissez alors Arrêter le partage.

Pour modifier un partage dans le cas de OneDrive professionnel ; allez dans les paramètres « Avancés » et à partir de la liste des utilisateurs ayant droit, sélectionnez les personnes et modifier les droits.

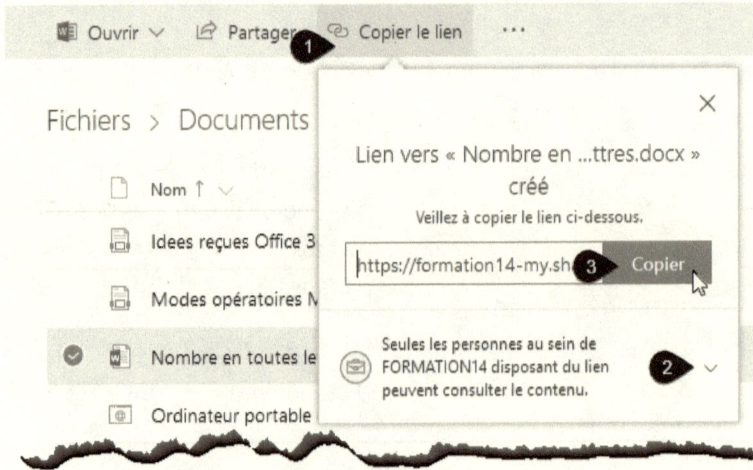

Ecran 54 Modifier le partage

Obtenir un lien

En version professionnelle, le partage peut également se faire en demandant directement un lien pour un fichier ou un dossier.

Ecran 55 Copier le lien de partage

Pour demander un lien de partage, sélectionnez un fichier, puis ❶ choisissez dans le bandeau de Copier le lien. Le type de partage est positionné sur une des options mises à disposition (voir la page 64). Dépliez alors cette liste de choix ❷ si vous désirez changer.

Il vous suffit ensuite de ❸ copier le lien dans le presse-papier pour pouvoir le coller dans un message par exemple.

© Martial AUROY | Décembre 2018

Visualiser quels sont les fichiers partagés

Vous pouvez visualiser les partages de fichiers, soit depuis la liste des fichiers de l'interface Web de OneDrive. Allez dans OneDrive, puis à gauche, cliquez sur « Partagés » ❶. L'écran comme ci-dessous apparaît :

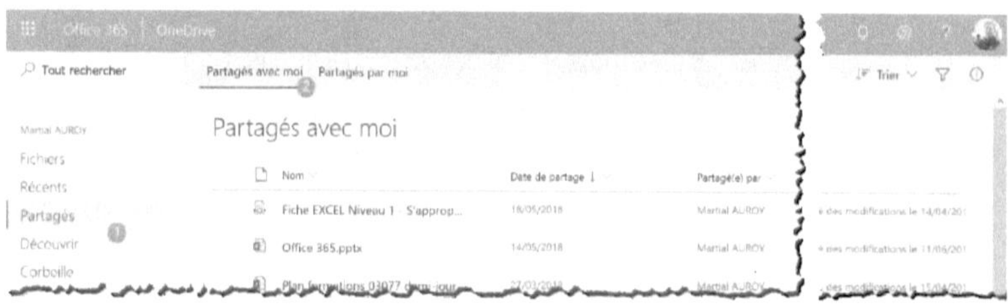

Ecran 56: Liste des éléments partagés

En version professionnelle, deux onglets ❷ en haut de la zone principale, un vous permettant d'afficher les fichiers et dossiers que des personnes ont partagés avec vous (lien « Partagés avec moi »), et le second, « Partagés par moi », affiche les fichiers et dossier que vous partagez actuellement.

Modifier un partage de fichier

Pour **arrêter ou modifier un partage**, il vous suffit de sélectionner le fichier et comme depuis la liste des fichiers, cliquez sur informations et changez le partage (Voir Partage de dossiers à la page 65).

> Vous ne pouvez pas sélectionner plus d'un élément. Si vous voulez arrêter ou modifier le partage de plusieurs fichiers, vous devez le faire **un par un**.

En version personnelle (comme ci-après), la liste classe les éléments en premier avec vos partages puis par utilisateur ayant partagé des éléments avec vous.

Ecran 57 Liste des éléments partagés en version personnelle

En ❶, vous faites apparaître **les éléments partagés**. La partie de droite liste les fichiers et dossiers que vous partagez (**Partagés par moi**) ❷ et ceux partagés par différents autres utilisateurs ❸. En utilisant le lien Afficher Tout ❹, vous passez dans un écran qui liste alors tous les éléments partagés correspondants ; Soit les fichiers partagés par vous, soit ceux que la personne a partagé avec vous.

Que ce soient des fichiers partagés dans l'environnement professionnel ou personnel, vous ne pouvez pas voir les propriétés, les partages, ni l'historique des fichiers ne vous appartenant pas. C'est normal. Office 365 garanti la sécurité des fichiers, et il faut être le propriétaire du fichier pour avoir accès aux informations.

Lorsque vous **sélectionnez un fichier partagé par vous**, vous pouvez modifier le partage (Gérer l'accès) comme accéder aux **propriétés du fichier** avec le bouton d'information ⓘ.

Lorsque vous **sélectionnez un fichier ou dossier partagé par une autre personne**, vous pouvez le supprimer de la liste, ce qui revient à annuler le partage que la personne a fait avec vous. En version professionnelle d'Office365, vous pouvez également copier le lien vers ce fichier. Pour afficher les informations du fichier, il faut la version professionnelle, et cliquer sur le bouton d'information ⓘ.

> C'est seulement si l'organisation de la personne qui partage un fichier avec vous autorise le « repartage » que vous pourrez partager un fichier partagé avec vous.

Synchroniser un partage

Vous utilisez OneDrive sur vos appareils pour **synchroniser votre OneDrive** avec vos ordinateurs. (voir Synchroniser OneDrive avec votre Ordinateur à la page 51).

Si un utilisateur d'Office 365 PERSONNEL partage un dossier, alors vous pouvez le synchroniser avec vos propres fichiers, même si vous, vous avez un compte professionnel.

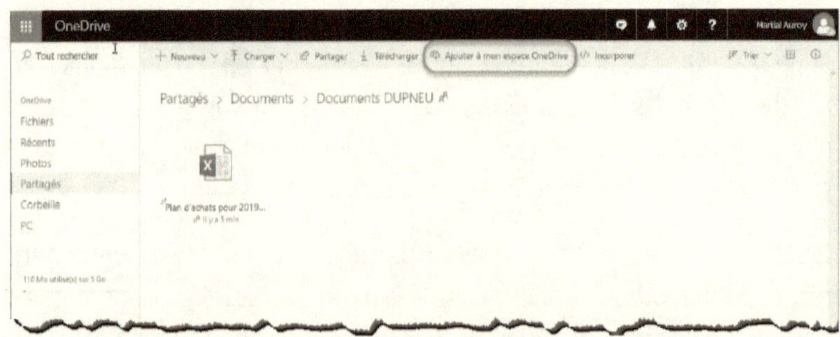

Ecran 58 Synchroniser un dossier d'un compte personnel

ONEDRIVE | Synchroniser un partage

A partir de la liste de gauche, entrez dans la section **Partagés** pour faire apparaitre les fichiers partagés avec vous. En sélectionnant un dossier que quelqu'un a partagé avec vous, vous pourrez alors l'ajouter à votre espace OneDrive et le synchroniser à vos appareils.

> Microsoft® dit[3] : « (...) concerne OneDrive lorsque vous êtes connecté avec un compte personnel sur Windows 10, Windows 7, Windows Vista ou Mac. L'option « Ajouter à mon espace OneDrive » n'est pas disponible dans Windows 8.1 ou sur d'autres systèmes d'exploitation lorsque vous êtes connecté avec un compte professionnel ou scolaire. ».
> J'y ajouterai que seul un partage fait avec un compte personnel, permet aux autres de l'ajouter à son espace.

---

[3] https://support.office.com/fr-fr/article/ajouter-et-synchroniser-des-dossiers-partag%c3%a9s-sur-onedrive-8a63cd47-1526-4cd8-bd09-ee3f9bfc1504?ui=fr-FR&rs=fr-FR&ad=FR

SKYPE entreprise

Dans ce paragraphe, j'aborde SKYPE Entreprise, et non pas la version grand publique. Trop de différences entre eux pour faire un paragraphe commun.

Skype Entreprise permet de communiquer avec la voix, la vidéo et le partage d'écran(s) au sein de votre entreprise comme dans le monde entier.

> Microsoft® annonce que Skype entreprise sera supprimé au cours de l'année 2019 et remplacé par Teams.

C'est l'outil idéal pour envoyer des messages instantanés. Du coup, lorsque vous voulez avertir un collègue pour vous retrouver à la cafétéria, n'envoyez plus un courriel, passez au message instantané sur Skype.

Se connecter

En tout premier, il faut vous connecter au réseau. C'est l'identifiant d'Office 365 que vous devez utiliser et votre mot de passe associé. Normalement votre identifiant est votre adresse de messagerie.

Cochez la case **Enregistrer mon mot de passe** pour que Skype ne vous le demande pas la prochaine fois qu'il démarrera.

Si vous voulez vous déconnecter, cliquez sur la roue dentée, puis fichier et déconnecter.

Configurer SKYPE

En tout premier, configurer Skype. Lorsque vous tenterez d'appeler, votre interface devra fonctionner 😉

SKYPE entreprise | Configurer SKYPE

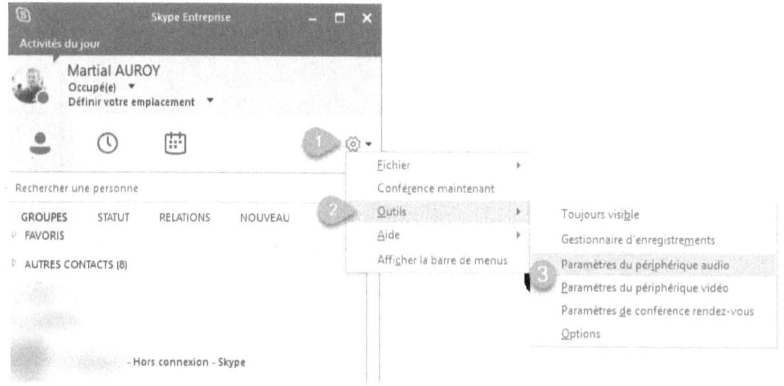

Ecran 59 Paramétrage audio et vidéo de SKYPE entreprise

Pour aller dans les paramètres, faites apparaître le menu en cliquant ❶ sur la roue dentée. Puis ❷ Outils et cliquez sur ❸ Paramètres du périphérique audio pour commencer. Ensuite, on passera aux ❸ paramètres du périphérique vidéo.

Paramètres Audio

> Evidement que pour utiliser l'audio, il vous faut un appareil pour écouter et un pour enregistrer. Micro et haut parleur ou simplement un casque avec micro.

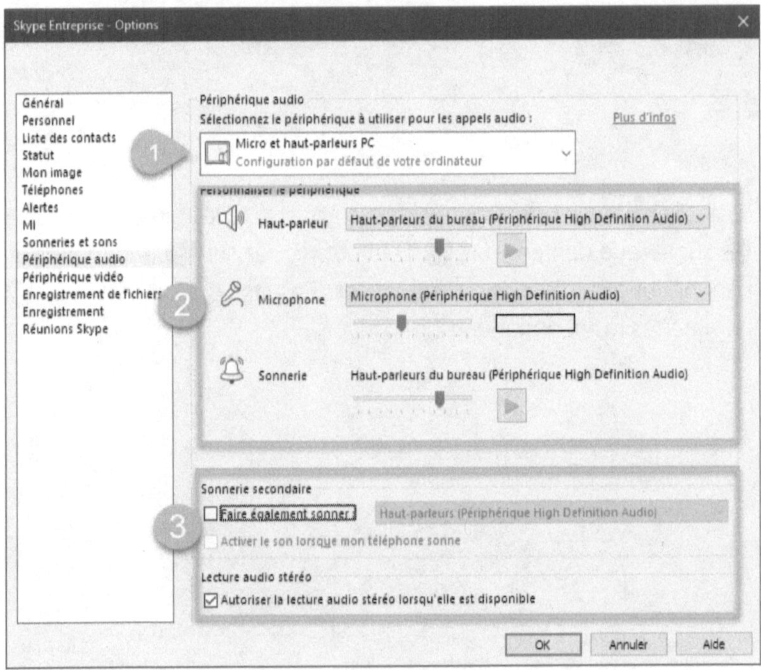

Ecran 60 Paramètres du périphérique audio

❶ Sélectionnez le périphérique principal si vous en avez plus d'un dans la liste.

- Puis ❷ dans la zone Personnaliser le périphérique,
- Choisissez le haut-parleur et avec la flèche verte essayer le son par ce périphérique. Ajustez le niveau sonore avec le curseur bleu.
- Ensuite choisissez quel microphone vous voulez utiliser afin que vos correspondants vous entendent. Exercez-vous à parler pour

voir si la barre est bien dynamique. Ajustez si besoin le gain du micro avec le curseur bleu.

Vous pouvez tester le niveau de la sonnerie en cliquant sur le bouton flèche verte. Ajustez si besoin le niveau sonore.

Dans la zone du bas, ❸ vous pouvez choisir de faire sonner un autre périphérique. Par exemple un casque qui est occasionnellement connecté. Ou si vous avez choisi en périphérique principal le casque, alors peut-être que la sonnerie sur les haut-parleurs du PC pourrait être en sonnerie secondaire.

Pour le dernier choix d'autoriser la lecture stéréo, je vous laisse juge. C'est rare qu'il y ait la stéréo en réunion.

Une fois vos paramètres définis, validez par le bouton OK.

Paramètres vidéo

Pour les paramètres vidéo, il faut bien entendu une caméra au moins reconnue par le programme Skype.

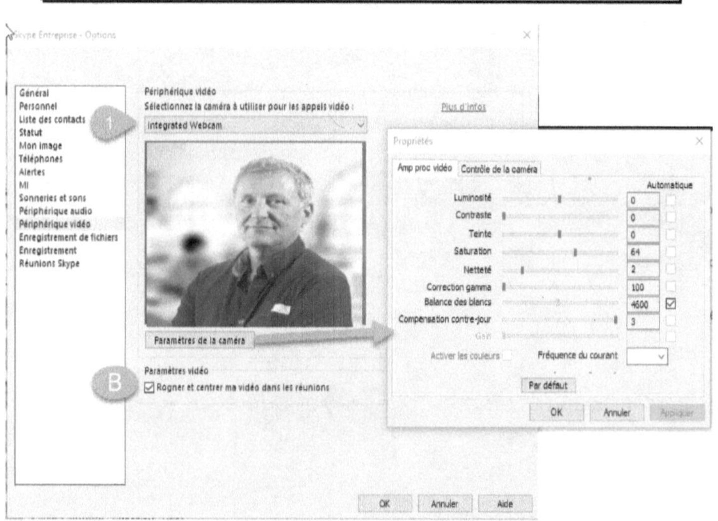

Ecran 61 Paramètres de la vidéo

Sélectionnez ① la caméra que vous souhaitez associer à SKYPE entreprise. Le cadre en dessous de la zone de choix doit faire apparaître l'image de cette caméra. Si ce n'est pas le cas, il y a un souci. Vérifiez qu'elle soit bien reconnue par votre ordinateur.

Une fois que vous avez l'image de votre caméra, vous pouvez ajuster les paramètres de la caméra : Luminosité, contraste, teinte, etc.

Dans la section des paramètres vidéo Ⓑ, laissez le système rogner la vidéo dans la réunion.

Présence

Dans Skype Entreprise, vous pouvez voir si vos collègues sont disponibles grâce à la pastille de couleur attachée à leur image. Ce statut est déterminé automatiquement par le statut de votre agenda. Si vous êtes en réunion, par exemple, ce sera occupé.

Vous, comme vos collègues peuvent changer ce statut manuellement.

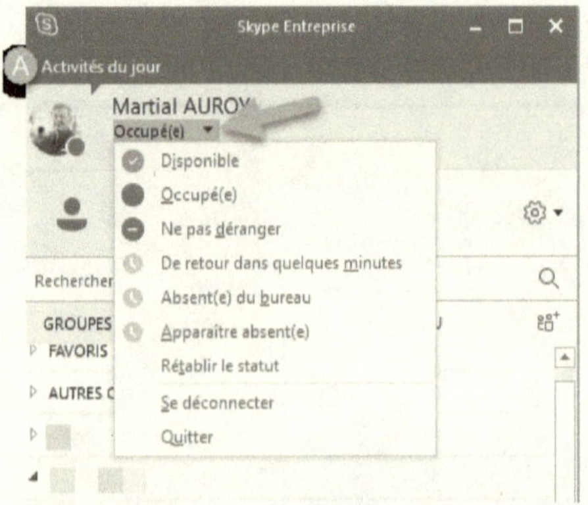

Ecran 62 Statuts dans SKYPE

Les trois indicateurs de présence les plus appréciés sont :

- Disponible
- Occupé
- Absent

D'autres indicateurs de présence sont par exemple :

- Ne pas déranger
- Déconnecté

Un point violet apparaît à côté du nom d'un contact si la personne est absente du bureau ●.

> 💡 Skype Entreprise modifie ces indicateurs en fonction de votre activité et de votre calendrier Outlook.
>
> Vous pouvez tout de même envoyer un message instantané à la personne qui le recevra soit en tant que Conversation manquée par e-mail, soit quand elle sera en ligne et disponible à nouveau sur Skype Entreprise.

Pour revenir à un statut automatique, sélectionnez Rétablir le statut.

A Cliquez directement dans l'activité du jour pour noter une info bulle. Par exemple « Je vais bien », « Je suis en voyage », « Merci de ne pas m'appeler avant 14h », etc. Mettez votre humeur, un petit message, un émoticône.

Et aussi

Pour synchroniser votre état dans Skype Entreprise avec Outlook, allez dans la fenêtre principale de Skype Entreprise, cliquez sur Option, choisissez Personnel.

Activez la case à cocher **Mettre à jour ma présence en fonction de mes informations de calendrier**.

Activez la case à cocher Afficher mes informations d'absence du bureau aux contacts figurant dans mes niveaux de confidentialité Famille et amis, Groupe de travail et Collègues pour synchroniser vos comptes Skype Entreprise et Outlook.

Contacter un collègue, un contact externe à votre organisation

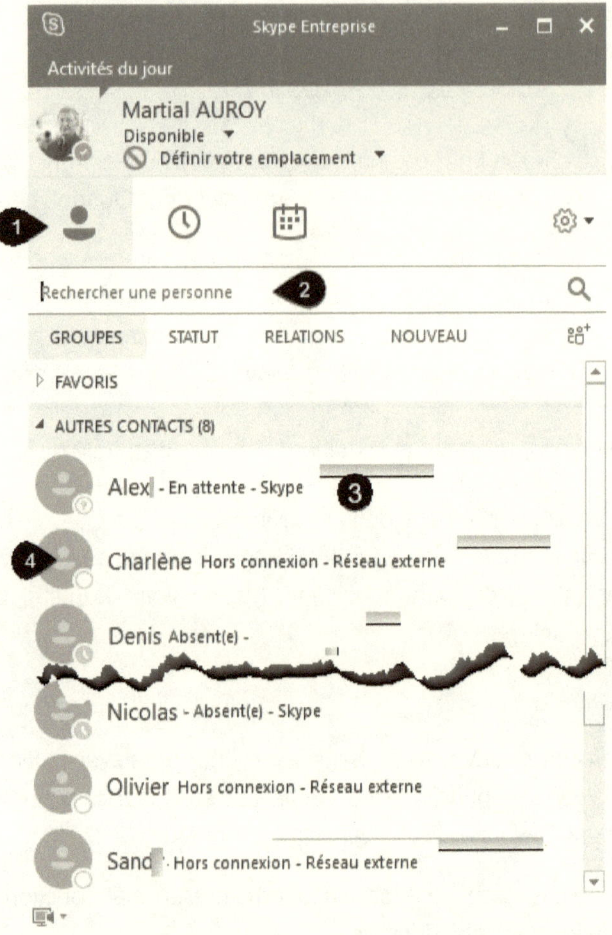

Ecran 63 Contacter une personne avec Skype entreprise

A partir de l'interface, choisissez ❶ la liste des contacts, puis positionnez le curseur dans la ❷ zone de saisie.

SKYPE entreprise | Contacter un collègue, un contact externe à votre organisation

Dès que vous tapez quelques lettres, SKYPE vous propose ❸ la liste des contacts qui ont ces quelques lettres dans leurs informations : Nom, prénom, société…

En faisant passer le curseur de la souris au-dessus de la ligne ❹, les actions ci-dessous apparaissent :

Dans l'ordre de gauche à droite :

- Message instantané,
- Appel vocal (téléphone),
- Appel Vidéo et son,
- Voir la fiche de contact

Et un menu d'options supplémentaires.

Les options supplémentaires sont

- Envoyer un message électronique
- Planifier une réunion
- Ajouter aux favoris
- Ajouter à une liste de contacts
- Indicateur d'alerte lorsque le contact change de statut

Par messages textes

Un peu comme un texto, le mode de conversation en mode texte permet d'échanger du texte. C'est aussi ce qui est appelé le chat (prononcer t'chat').

SKYPE entreprise | Contacter un collègue, un contact externe à votre organisation

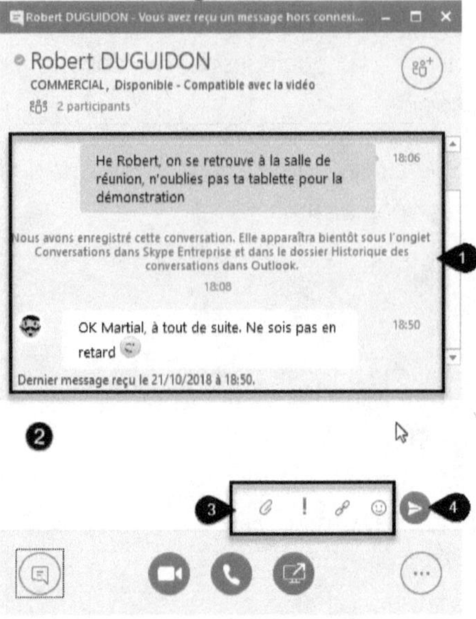

Ecran 64 Messagerie texte avec Skype Entreprise

❶ Au-dessus de la zone d'écriture de vos messages se trouve la conversation. Vous retrouvez les textes envoyés par vos correspondants et les vôtres.

Dans le bas de l'écran ❷, c'est l'éditeur de votre texte. C'est la zone où vous tapez vos messages. C'est avec le bouton en forme d'enveloppe ❹ que vous envoyez le message.

A côté de ce bouton d'envoi, ❸ vous pouvez utiliser les boutons pour diverses actions :

Pour envoyer un fichier, cliquez sur le trombone 📎 et naviguez jusqu'au fichier à envoyer.

Ajoutez un émoticône ☺ en cliquant sur l'icône, puis en cliquant sur celui que vous voulez ajouter.

Marquez votre message avec une priorité élevée en cliquant sur l'icône d'importance ❗ .

> Modifiez la police ou la taille des caractères en cliquant sur le bouton d'option de la souris (droit pour les droitiers)

Appeler avec ou sans l'image

Appeler uniquement avec la voix, comme un téléphone, se fait avec l'action du bouton .

Appeler avec l'image en plus se fait en utilisant le bouton caméra :

Une fois la connexion établie, utilisez le bouton du micro dans la partie inférieure de la fenêtre pour activer/désactiver votre micro ou le bouton du combiné pour mettre fin à l'appel .

> Si votre compte Skype Entreprise est activé pour Voix Entreprise, vous pouvez utiliser le pavé de numérotation pour appeler un numéro de téléphone à partir de Skype Entreprise.

Si le pavé de numérotation n'apparaît pas, c'est que votre abonnement ne possède pas les licences appropriées.

Appeler plusieurs personnes pour une conférence

Vous pouvez appeler plusieurs personnes en même temps. C'est alors une conférence ou plus simplement une réunion à distance.

Aujourd'hui il n'est pas rare que les réunions se fassent depuis son poste de travail plutôt que de se rendre dans une salle de réunion.

SKYPE entreprise | Appeler plusieurs personnes pour une conférence

Pour appeler plus d'une personne, il suffit de de sélectionner plusieurs personnes dans la liste de vos contacts avec le clic de souris plus la touche Ctrl (comme pour sélectionner des fichiers).

En utilisant le second bouton de la souris, le menu contextuel apparait et vous choisissez alors « Démarrer une téléconférence ».

Une fois la réunion commencée, vous pouvez bien entendu ajouter d'autres personnes. Vous pouvez faire glisser la personne depuis la liste dans la fenêtre de réunion.

Vous pouvez aussi ajouter des participants à partir de la fenêtre de conversation dans le volet Participants, cliquez sur Inviter d'autres personnes. Sélectionnez les personnes dans la liste, puis cliquez sur OK. Skype Entreprise appelle la personne à votre place et l'ajoute à la réunion.

Vous pouvez également transformer une conversation avec une seule personne en réunion, en cliquant sur le bouton d'ajout de personnes   .

Partager du contenu

Quand vous êtes en réunion, c'est-à-dire en relation avec au moins une autre personne, vous pouvez partager des objets comme votre écran, un diaporama, une ou des applications en cours…

SKYPE entreprise | Appeler plusieurs personnes pour une conférence

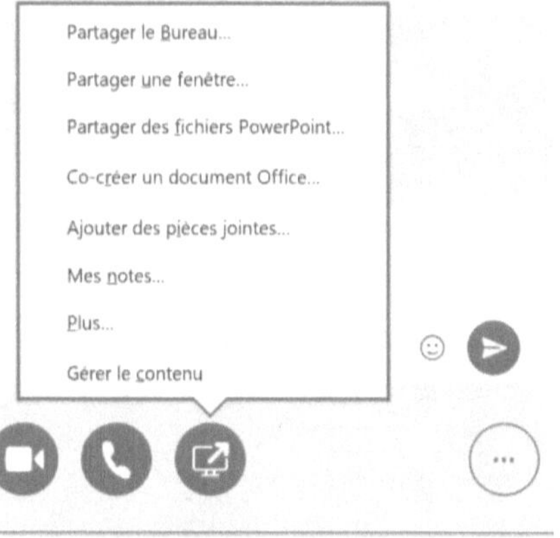

Ecran 65 Partager lors de la réunion

En utilisant le bouton comme ci-après, vous avez un menu contextuel vous offrant de partager :

- Le bureau
- Une fenêtre
- Un fichier PowerPoint

Mais aussi de coéditer un document Office, d'ajouter des fichiers sous forme de pièces jointes ou encore d'ajouter des notes et plus encore.

La coédition ou cocréation d'un fichier avec Skype Entreprise est basée sur un fichier qui est stocké dans OneDrive, puis mis à disposition – partagé en modification- avec les membres de la réunion. Cela concerne les fichiers de la suite Office, Excel, Word, PowerPoint, OneNote.

Durant la réunion, cliquez sur , puis sur cocréer un document. Cliquez sur OK pour confirmer la réception du message indiquant que tous les participants sont autorisés à modifier le document.

Sélectionnez le fichier à modifier. Le fichier s'ouvre dans la fenêtre de conversation et tous les participants peuvent le modifier.

Ajouter un fichier

Durant la réunion, vous pouvez ajouter des pièces jointes pour envoyer des fichiers pendant une conversation Skype Entreprise.

Pour ce faire, il suffit de faire glisser le fichier sur la fenêtre de conversation. Skype Entreprise envoie une notification aux destinataires, qui peuvent alors accepter ou refuser le transfert. Si le transfert est accepté, le fichier est téléchargé sur l'ordinateur de chaque destinataire.

> Vous pouvez également envoyer un fichier à des contacts avec lesquels vous n'avez pas de conversation en cours. Dans votre liste de contacts, sélectionnez (avec la touche Ctrl) les personnes auxquelles vous souhaitez envoyer le fichier. Faites glisser le fichier vers votre sélection.

Communiquer avec Teams

> Microsoft® annonce que Skype entreprise sera supprimé au cours de l'année 2019 et remplacé par Teams. Alors, pour que vous ne soyez pas embêté, regardons déjà quel est ce programme.

Teams c'est un programme pour rassembler les équipes qui travaillent sur un projet commun. Entre autres, une équipe a besoin de communiquer comme elle le fait avec Skype. Teams est alors doté des mêmes fonctions de communication en mode texte, voix et visioconférence. Et comme Skype entreprise, on peut faire des réunions.

Un projet peut durer dans le temps, un peu, beaucoup, à l'infini. Comme pour tous les projets, une équipe a besoin de communiquer, de distribuer des tâches, de se partager un calendrier et des fichiers. Eh bien Teams, c'est tout cela plus un mode conversation comme un réseau social et un Extranet.

Teams est bien entendu pour les entreprises. Mais aussi pour le grand public et les TPE. Il est à ce jour une application gratuite. Si vous êtes seule ou seul dans une activité d'indépendante ou d'indépendant, vous pouvez utiliser Microsoft® Teams. Ainsi vous pouvez rejoindre les équipes de vos entreprises clientes avec lesquelles vous participez à des projets.

> 💡 En version gratuite, Teams permet la communication, un peu de partage de fichiers et l'ajout de modules complémentaires. En version professionnelle, on a beaucoup plus de stockage, les réunions, la messagerie.

Vous pouvez télécharger Microsoft® Teams pour votre smartphone Apple ou Android et également pour vos ordinateurs Apple, Microsoft® Windows ou encore Chrome book avec le Google Play Et puis Teams est une application sur le Web accessible avec un navigateur à jour comme toutes les applications d'Office 365.

Pour avoir la version gratuite, inscrivez-vous sur le site de Microsoft® Teams. A ce jour le lien est https://products.office.com/fr-fr/Microsoft®-teams

Démarrer Teams

L'interface Teams se présente comme ci-dessous :

Ecran 66 Accueil Teams

Elle est organisée avec, sur le haut, un bandeau dans lequel on a le champ de recherche ❶ puis votre profil ❷.

> Si vous faites partie de plusieurs environnements, vous avez aussi le choix de l'environnement à côté de votre profil.

A gauche, les onglets permettent de visualiser toute l'activité des équipes auxquelles vous êtes rattaché, les conversations, la liste des équipes, les réunions et les fichiers. En plus peuvent apparaître des modules complémentaires que vous choisissez dans Store.

Créer une équipe

Entrez dans la liste des équipes sur le côté gauche de la fenêtre de Teams. Cliquez sur rejoindre ou créer une équipe à gauche en bas de la liste des équipes. Sur la Création d'une équipe mosaïque, cliquez sur créer une équipe.

À partir de là, vous pouvez nommer votre équipe, ajoutez une description et modifier la classification des données de l'équipe. Une fois que vous avez fait, vous pouvez inviter des personnes, des groupes ou des groupes de contacts même entière (auparavant appelés « listes de distribution ») pour participer à votre équipe.

En version mobile, Appuyez sur équipes en bas de l'application, puis sur paramètres dans le coin supérieur droit. Appuyez sur + pour créer une nouvelle équipe.

Pour ajouter, modifier la liste des membres, entrez dans l'équipe. Pour voir la liste des membres, cliquez sur le nom de l'équipe ❶ pour quitter le canal Général et remonter au niveau équipe comme montré ci-dessous.

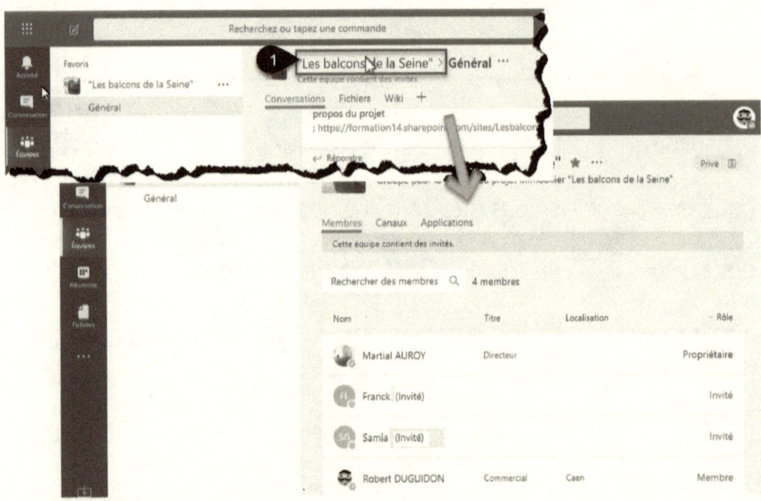

Ecran 67 Accéder à la liste des membres

Utilisez Ajouter un membre pour faire entrer un nouveau membre à l'équipe. Pour supprimer un membre, cliquez sur la croix au bout de la ligne de son nom.

Pour les personnes de votre organisation, il suffit de choisir le nom de la personne à ajouter en saisissant son nom ou son prénom ; La liste des membres de l'organisation affichera les membres correspondants à votre saisie. Il suffit alors de choisir.

Pour les personnes extérieures à votre organisation, saisissez leur adresse Email ou courriel complète. Ils deviendront alors des invités.

Utiliser la conversation

Vous pouvez converser avec tous les membres de votre organisation et avec tous les invités des équipes dans lesquelles vous êtes associé.

Quand je dis converser, c'est en mode texte comme du MMS, mais aussi en mode audio comme au téléphone et en visioconférence avec la vidéo en plus. C'est aussi avec ce dernier mode que vous pouvez partager le contenu de votre écran.

Communiquer

Le mode texte

Pour envoyer un message texte, commencez par cliquer sur 🖋 ① en haut de l'application. Une nouvelle conversation commence.

Tapez le nom de la personne ② ou des personnes avec qui vous souhaitez discuter.

Ensuite, rédigez votre message ③ et cliquez sur ④ ▷ pour envoyer.

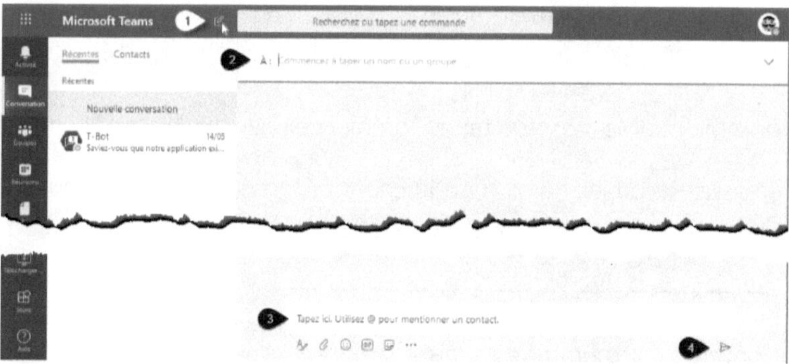

Sous la zone du message, vous avez 5 boutons et plus si vous avez installé des compléments.

A permet d'ouvrir la zone de texte avec le menu pour avoir les caractères en gras, italique, souligné. Vous pouvez utiliser le surligneur, choisir la police et sa taille... C'est un menu classique d'éditeur de texte.

> Vous pouvez aussi insérer du code HTML pour mettre par exemple une vidéo de Youtube et même noter une citation.

Le trombone vous donne la main pour insérer une pièce jointe, un ou des fichiers. Vous pouvez prendre un fichier depuis votre OneDrive comme depuis votre ordinateur.

Le clic sur les autres symboles vous permet d'insérer respectivement un Emoji, une animation Giphy et un autocollant.

La voix, la vidéo et la réunion

Vous pouvez appeler une seule ou plusieurs personnes de votre organisation directement à partir d'une conversation en ligne. Ces appels sont privés et n'apparaissent pas dans les espaces d'équipe.

Comme pour le message texte, commencez par cliquer sur .

Saisissez-le ou les noms dans le champ À en haut de votre nouvelle conversation et choisissez le mode de conversation grâce aux boutons suivants : .

Comme le pictogramme le laisse supposer, c'est en premier le choix de l'appel avec la vidéo ; La voix est incluse. Il faut donc une caméra et un ensemble son pour que cela fonctionne. Le second bouton est pour déclencher un appel vocal comme avec un téléphone. Le dernier permet d'ajouter des personnes à la conversation. Au-delà d'une personne en plus de vous, c'est une réunion.

> Appel vidéo limité à 50 personnes au maximum.

Pour partager votre écran durant un appel, cliquez sur **partager le bureau**  en bas de l'écran pendant votre réunion. Vous pouvez choisir de présenter la totalité de votre bureau, une application spécifique ou un fichier.

> Pour terminer un appel comme une réunion utiliser le bouton raccrocher

INDEX

Liste des Illustrations